商业银行同业金融业务发展策略研究

朱春华 著

中国商业出版社

图书在版编目（CIP）数据

商业银行同业金融业务发展策略研究 / 朱春华著.
北京 ：中国商业出版社，2024. 11. -- ISBN 978-7
-5208-3273-1

Ⅰ. F830.33

中国国家版本馆CIP数据核字第2024RD2209号

责任编辑：王　静

中国商业出版社出版发行

（www.zgsycb.com 100053 北京广安门内报国寺1号）

总编室：010-63180647　编辑室：010-83114579

发行部：010-83120835/8286

新华书店经销

河北万卷印刷有限公司印刷

*

710 毫米 ×1000 毫米　16 开　14.25 印张　211 千字

2024 年 11 月第 1 版　2025 年 2 月第 1 次印刷

定价：88.00 元

* * * *

（如有印装质量问题可更换）

前言

近年来，受国家政策推动和行业发展的影响，国内商业银行的规模持续扩大，须更好地践行金融工作的政治性、人民性，同时为实现金融强国作出更大的贡献。因此，商业银行同业金融业务需改变以往单纯的规模增长路径，向更加规范、更加赋能其他业务板块转型。随着改革的进一步深化，金融监管也变得更加严格和深化，这不仅增强了对金融机构行为的约束，也推动了理论研究与实务操作的紧密结合。在这一背景下，流动性风险管理的理论与实践的结合，对于指导商业银行有效应对市场变化和监管要求，具有重要的现实意义和长远意义。

国内银行业的竞争愈加激烈，特别是在国外商业银行的进入和金融开放的背景下，依靠存贷款利差的传统盈利模式面临严峻挑战，商业银行的盈利和发展空间受到压缩。在这种情况下，同业业务因其低资本占用率、高收入、强灵活性等特点，成为商业银行寻求新的利润增长点和扩展发展空间的关键途径。基于合作竞争理论及比较优势理论，一些商业银行已将同业金融业务视为其发展策略的核心，通过加强这一领域的业务拓展和创新，既可以更好地服务实体经济，又可以实现自身健康可持续的发展。

在本书中，笔者全面探讨了商业银行同业业务的各个方面，从理论基础到发展历程，再到风险管理和监管政策。希望本书可以为读者提供专业的参考，让读者能够全面了解商业银行在同业市场中的行为及其产生的广泛影响。

第一章概述了同业金融业务的相关概念，讨论了学术界与实务界对此领域关注的焦点，并阐释了研究的背景、意义与目标。

第二章介绍了商业银行同业金融业务的理论基础，包括经济学原理及风险管理理论等，并分析了这些理论在同业金融业务中的具体应用。

第三章介绍了国际商业银行同业金融业务的发展现状，包括同业金融市场的全球格局、同业金融业务中的主要参与者与交易模式以及国际同业金融业务的发展典型及演进。

第四章介绍了中国商业银行同业金融业务发展历程，包括同业金融业务在中国的起源与发展、政策环境对同业金融业务的影响分析以及当前中国同业金融业务的市场特点。

第五章详细分析了商业银行同业金融业务的市场风险、信用风险、操作风险、流动性风险与合规风险。

第六章探讨了风险识别与评估体系构建、同业金融业务风险限额管理策略、风险缓释工具与技术、应急机制与连续性计划、内部控制与合规文化的建设，以及提高业务流程效率的策略。

第七章和第八章分别从负债和资产业务两个方面，分析了商业银行在同业市场中的策略，包括同业拆借、同业存款及逆回购、发行同业存单资本市场融资以及市场定位、产品定价、营销、风险管理和竞争策略。

第九章讨论了商业银行同业金融服务新产品开发战略、金融科技在同业金融业务中的应用前景以及面向未来的同业金融业务发展趋势预判。

第十章论述了监管政策的重要地位及现实意义、金融监管的影响及规范经营策略，并根据当前金融环境提出了完善监管政策的建议。

通过这本书，读者不仅能够获得关于商业银行同业金融业务的详细知识，还能深入了解商业银行面临的挑战与机遇，以及如何通过完善的监管政策和有效的风险管理策略来优化商业银行同业金融业务结构，提升市场竞争力。

朱春华

2024 年 5 月

目录

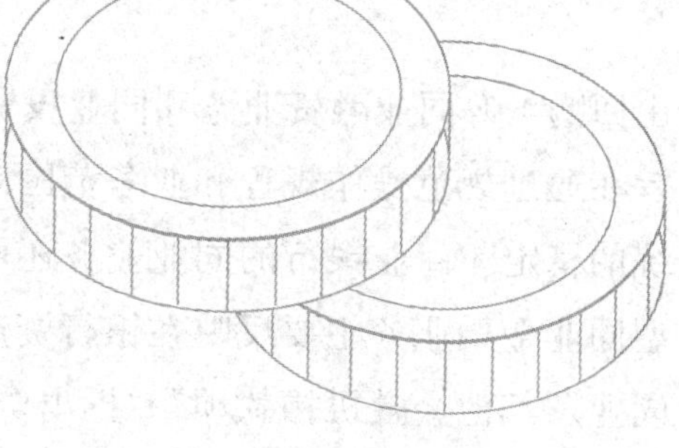

第一章　绪论

第一节　同业金融业务概述

一、同业金融业务的定义

在金融行业中，商业银行同业金融业务的分类基于其广泛性和规范性可分为广义和狭义两种。广义的同业金融业务涵盖具有“一行一局一会”审批的金融许可类经营资质的各类金融机构间的业务，这些机构包括但不限于商业银行、证券公司、公募基金公司、保险公司、信托公司及消费金融公司。这种业务利用参与机构的资金和资产开展广泛的金融交易，其范围较广，涉及多种金融产品和服务。例如，这些机构可以参与债权投资、股权投资以及其他类型的金融资产交易，旨在通过资本市场操作优化资产配置和提高资金运作效率。

狭义的同业金融业务则根据2014年5月16日人民银行、银监会、证监会、保监会、外汇局联合发布的《关于规范金融机构同业业务的通知》（以下简称127号文）进行定义。这一定义明确将同业金融业务限定为“同业拆借”“同业存款”“同业借款”“同业代付”以及“买入返售（卖出回购）等同业融资业务和同业投资业务”。这种分类更加具体和严格，旨在通过规范操作规程和业务范围来控制金融市场的风险，确保金融系统的稳定。商业银行的同业业务还可分为传统型和新型两种模式。传统型同业金融业务主要反映在银行资产负债表的会计科目中，涵盖“存放同业及其他金融机构款项”“拆出资金”“买入返售金融资产”等资产科目，以及其对应的负债科目“同业及其他金融机构存放款项”“拆入资金”“卖出回购金融资产”等。这种业务形式着重于短期资金的流动和银行间的信贷关系维护。新型同业金融业务则更多涉及长期投资，如应收款项类投资和债券投资，反映在资产负债表的相应科目中，这在实务操作中主要体现为同业投资项目，如通过购买其他金融机构发行的债券或进行资产管理计划的投资，以实现资产增值和降低风险。

同业金融业务是指一种融入融出资金的金融产品或服务，而这种产品或服务的参与者或其发生场所只能是特定的金融机构。近些年，同业业务不断发展并成熟，是受市场青睐的金融产品或服务。在最新形势下，商业银行同业金融业务的内涵有着更广的延伸，利用各自资源禀赋与公募基金、保险公司、证券公司、信托公司联动，为客户提供更为深入、全面的金融服务。

二、同业金融业务分类

商业银行在同业金融市场中扮演着核心角色，通过与其他金融机构的合作，开展广泛的同业业务。这些业务不仅是银行流动性管理的重要工具，也是风险分散和收益来源的关键途径。在业务类型上，商业银行的同业业务主要可以分为同业资金业务、同业资产业务以及中间业务三个主要类别。

同业资金业务包含了“同业拆借”“同业存款”以及“发行同业存单”等，这些都是银行之间为了实现短期资金的合理调配而进行的活动。例如，同业拆借通常指银行与银行之间不超过一个月的短期借款，它帮助银行应对短期流动性需求或满足法定存款准备金的要求。同业存款则是银行间为了获得较高的存款利率而相互存放的资金。同业存单的发行，则是银行为了拓宽其资金来源，通过发行债务工具来吸引其他金融机构的资金。

在同业资产业务方面，“同业借款”“同业投资金融资产”或“特殊目的载体”等业务则涉及银行对外的资金投放，这些投资可能包括对其他银行、金融机构或其他金融工具的投资，以期获得长期稳定的回报。

同业中间业务主要包括代理业务与托管业务，这些业务通常不直接涉及银行资产负债表的变动，但通过提供服务来获取手续费收入，如代理发行债券、资金清算等。

同业业务发展初期，其主要作用为调节各家商业银行的流动性，提高资金流通效率，资金只在银行间内部进行拆借。而后，同业业务慢慢发展成为更多种类的业务类型，见表 1-1。

表1-1　按业务类型分类的同业业务

业务分类	业务类型	具体内容
资金业务	同业拆借	同业拆借是指金融机构之间通过银行间外汇交易中心平台进行资金拆借的业务
	同业存款	是指金融机构将资金存入商业银行的存款业务
	同业存单销售	向金融机构投资人销售 A 银行总行发行的同业存单
资产业务	同业投资表内非标	同业自营资金投向非标准债权，包括信托收益权，资管计划收益权等
	同业借款	同业借款业务是指营业执照中具有同业借款业务经营范围的金融机构之间开展的人民币借贷业务。一般是银行与银行之间，银行与金融租赁公司、汽车金融公司、资产管理公司之间开展的业务
	同业投资收益凭证	银行自营或理财资金投资于券商发行的收益凭证
	同业投资 ABS 或债券	银行自营或理财资金投资于各类金融机构或者企业发行的 ABS、标准化债券等
	同业投资理财或基金	银行资金投资与其他商业银行发行的理财产品（该模式已叫停）；目前主要是投资公募基金产品

续 表

业务分类	业务类型	具体内容
中间业务	第三方存管业务	证券公司在银行开立的第三方存管专户所关联的业务
	代销业务	通过同业平台，向同业机构销售代理的公募基金、资管计划等产品
	科技产品输出	大型商业银行为其他金融机构输出现金管理、风险管理等科技系统
	代理业务	大型商业银行代理中小银行同业清算；代理衍生品交易等其他代理业务
	资产托管	资产托管是指具有托管资格商业银行作为托管人，根据托管合同，依法安全保管委托投资的资产，履行托管人相关职责的业务

在金融行业的客户类型划分中，机构被细分为银行、证券、保险、信托、基金、租赁、期货、财务公司等类别。针对这些分类，商业银行的同业业务进一步演化为多种合作模式，如“银银合作”“银证合作”“银基合作”“银信合作”“银期合作”“银租合作”“银财合作”“银保合作”以及其他非银金融机构合作。这些合作不仅增强了各机构的市场竞争力，还促进了资源的优化配置和风险的共担。在“银证合作”中，商业银行与证券公司共同开展资本市场服务，如资产托管和投资银行业务，以此提供一站式金融解决方案。“银基合作”则涉及银行与基金公司的合作，共同推出金融产品，吸引投资者。而在“银保合作”模式中，银行与保险公司联手，通过银行渠道销售保险产品，即所谓的银保渠道。这些合作策略不只是简单的业务扩展，更是在复杂的经济环境中寻求新的增长点和风险管理机制。

第二节　学术界与实务界关注的焦点

国内商业银行在经营活动中面临的压力逐年增大，这种压力主要来源于两个方面：一是金融监管和制度环境的变化，监管尺度与规则的持续收紧；二是在越发开放和自由的经济形势下，银行之间的同业竞争日益加剧。特别是近年来，同业金融业务在金融市场中的作用和影响显著增强，引起了众多研究学者的广泛关注。在国内，关于同业金融业务的研究主要聚焦于理论探讨、交易方式、风险管理及监管政策等领域，试图通过理论上的深入分析来应对实际操作中的挑战和风险。在国外，西方学者在同业金融业务的研究中，不仅关注交易结构和风险评估，还深入探讨了监管框架的效率以及跨国同业金融业务的影响，这些研究不仅促进了全球金融市场的理论创新，也为应对经济全球化背景下的金融风险管理提供了科学依据。

一、关于同业金融业务理论

在同业市场中，商业银行、资产管理公司和金融租赁公司等不同类型的金融机构通过同业市场的互动，有效地管理自身的流动性需求和资金供给。代理清算、资金流动性管理、投资银行业务、投资交易业务和理财业务是同业市场中的关键业务。

代理清算、资金流动性管理、投资银行业务、投资交易业务和理财业务是同业市场中的关键活动。这些业务类型不仅涵盖了从资金流动到投资管理的广泛领域，还包括了对市场流动性的重要贡献。代理清算业务为金融机构提供了一种通过中介机构进行交易结算的方式，增强了市场的效率和透明度。资金流动性管理是银行等金融机构维持正常运作和满足短期资金需求的关键，而投资银行业务、投资交易业务和理财业务进一步丰富了金融市场的产品和服务，满足了不同客户的投资需求。这些业务的有效运作对于整个金融市场的稳定和发展具有不可或缺的作用。

二、关于同业金融业务发展

随着利率市场化改革的深化以及商业银行经营的逐步开放，同业市场之间的互动将变得更加频繁和深入。石中心认为，在未来的金融生态中，不同金融机构之间的沟通与融合将变得尤为常见，预示着商业银行的经营管理模式将迎来重大变革[①]。这种趋势为同业金融业务的发展提供了良好的基础，同时反映出当前中国银行业在同业金融业务通道业务中占比高且经营架构呈现差异化的特征日渐显著。这种业务的增长和发展，虽然改善了资金的流动性，一定程度上提升了市场的整体效率，但长远来看将导致金融风险的积聚。

利率市场化的不断推进和监管标准的提高，正逐步引导同业业务更好地支持实体经济的发展。商业银行为应对这一变化，正在积极建立多样化的交易平台，采纳线上化和平台化的交易路线，以适应市场化和平台化的新趋势。这种转型不仅有助于银行提升服务效率，也促进了实体经济的快速和高质量发展。

周爱民、刘欣蕊认为，同业金融业务已成为银行发展的不竭动力，资产证券化的不断推进也正逐步成为商业银行发展中的一个重要力量[②]。这表明，在未来的金融市场中，银行业的竞争将更为激烈和同质化。这种竞争环境要求银行不仅要在同业市场中寻求新的增长点，还需要通过创新业务模式和服务来巩固其市场地位。资产证券化提供了一种有效的资本运用方式，增强了银行资金的流动性和收益潜力，同时为银行面对激烈的市场竞争提供了新的策略和解决方案。这些变革和创新是银行应对当前复杂金融环境的关键策略，预示着银行业务的持续演进和优化。

在当下，商业银行传统的依靠法定利差获利的模式日渐失效，迫使银行寻求新的利润增长点并向资本集约化的发展模式转型。同业金融业务，由于其资本占用低、客户信用风险相对小、业务规模增长快以及高

① 石中心，梁彧．对我国商业银行同业业务发展的思考[J]．南方金融，2014（9）：8-12，42.

② 周爱民，刘欣蕊．经济政策不确定性、银行竞争与银行收入多元化[J]．当代经济科学，2020，42（2）：68-79.

度的业务效率，成为城市商业银行战略转型的一个重要方向。这种业务不仅可以提高银行的经营利润，还可以增强其市场竞争力，是银行转型和发展的必然选择。

商业银行在未来的经营策略中须不断丰富业务形式与经营种类，完善自身的银行集团经营模式。例如，银行的财务风险主要由其风险管理能力和抵抗风险的能力决定，而混合业务模式的实施能够为银行提供更多元化的业务选择和风险分散的可能。金融机构之间的混业经营具有其合理性。这种经营模式可以有效地利用市场资源，优化资本配置，从而提高整体市场的效率和响应性。目前金融市场的发展，系统更倾向于通过同业市场、票据市场和资产支持证券等非信贷类资金渠道来运作，这进一步说明了同业及混业经营在现代金融体系中的适应性和重要性。通过与其他金融机构合作，银行能够在保持流动性的同时扩展其服务与产品的范围，增强其在金融市场中的地位和作用。

三、关于同业金融业务创新

目前，同业金融业务的不断深入挖掘和发展，市场上出现了越来越多的同业服务产品。这些产品的增加在一定程度上扩大了金融市场的服务范围并促进了金融创新，但也带来了一些不规范的操作，可能引发系统性风险。这种风险主要源于同业业务操作的复杂性及其与广泛金融网络的紧密联系，使得任何单一金融机构的风险扩散成为可能，从而影响到整个金融系统的稳定。在这种背景下，商业银行在积极推动利率市场化改革时也必须变革和创新，以寻求新的利润增长点，同时强化其风险管理能力，以确保这些创新不会危及银行的长期稳定。

盛玲玉讨论了中国商业银行特别是中小银行如何在推动业务发展的同时应对同业业务中暴露出的问题[①]。这种转型不仅涉及业务模式的更

① 盛玲玉．监管举措对中小银行同业存单发行的影响研究：基于包商银行被接管的自然实验[D]．上海：上海财经大学，2020.

新，也涉及对风险识别和管理能力的提升。中小银行在发展主要业务如存贷款、支付结算等传统银行业务时也面临着同业业务中的风险管理挑战。这要求它们在追求业务扩展和盈利的过程中，必须审慎处理与其他金融机构的交易和投资，特别是在高风险投资和复杂金融产品的使用上。中小银行还需要引导自身的同业业务回归本源，即回到支持和增强银行核心业务的基本功能上，如通过同业存款提高自身流动性管理的能力，而不是过度依赖市场短期资金操作，从而避免因追求高风险高收益的投资而面临潜在的大规模风险。

四、关于同业金融业务的流动性

商业银行依赖大量短期负债进行资金维持的做法对货币市场利率水平产生了扰动。这种依赖不仅扭曲了市场的自然利率结构，还可能诱发系统性的金融风险。短期负债的过度使用，特别是在不稳定的市场环境中，会增加银行面临流动性危机的风险，当市场信心下降时，这种风险更是会迅速放大，可能导致信用紧缩甚至金融市场的崩溃。这不仅影响单一银行的稳定性，更有可能影响整个金融系统的稳定，因为银行间市场高度相互依赖，一个机构的不稳定可以迅速传导到其他机构。

在混合经营模式下，同业金融业务的扩展显著加深了金融机构间的信息沟通与交换。金融机构在银行间市场的资金交易规模巨大，信息交换上的微小差异都可能引发系统性风险。这种风险的产生往往是由于信息的不对称或误解，金融机构对市场状况的不同解读可能导致错误的决策，进而影响整个市场的稳定性。商业银行在客户群、业务结构和经营理念等方面同质化程度过高容易引发恶性竞争，加剧系统性风险并冲击经济金融体系。在同质化的银行体系中，流动性风险不仅可以迅速传递，还可能在特定条件下稳定市场。这种发现提示管理者，对于银行间市场的流动性管理和监控非常关键，流动性风险的强传播性应当通过银行间市场的流动性波动来预测，并据此制定相应的法律法规或政策文件，以加强市场监管和防范系统性风险的发生。这种预防措施的制定不仅有助于保护单个金融机构的稳定，更是维护整个金融市场健康运行的必要手段。

五、关于同业金融业务风险管理

尽管国内商业银行的总体规模持续快速增长，并且同业金融业务在此中扮演了重要的角色，但这种迅猛发展同样带来了风险，可能引发金融市场的动荡。同业金融业务的扩展增加了市场参与者的互联性，这在一定程度上提高了系统性风险，即一个机构的问题可能迅速传导至整个金融系统。同业金融业务的快速增长可能导致监管难度加大，从而在一定程度上冲击金融环境的稳定性，并对国家的货币政策产生潜在的负面影响。例如，过度依赖同业借贷的银行在面对市场流动性紧张时可能会更加脆弱，从而影响其支付能力和信用状态。

王大勇讨论了商业银行面临的操作风险，强调在同业金融业务中，操作风险相对分散，不仅涉及银行，还包括其他金融机构，如证券公司等①。这些机构通常具有较强的风险抵御能力，但多样化的业务参与者也带来了风险管理的复杂性。例如，不同机构的风险管理标准和技术可能不一致，这在危急时刻可能导致风险外溢和扩大。尽管风险是在多个参与者中分散，但这种分散性本身也可能成为风险源，特别是在缺乏足够协调和监管的情况下。

银行间流动性风险主要是由供需失衡引起的。银行为了追求高收益可能过度投资高风险资产，从而在市场压力增大时加剧流动性风险。刘树宪和孙晓丹等进一步指出，在监管日益严格的环境下，同业业务的有效管理和运作对每家商业银行来说都是一种考验②。同业业务也为银行

① 王大勇．银行同业业务的发展现状及其风险管控[J]．改革与开放，2018（18）：15-17.

② 刘树宪，孙晓丹，杨玉明．我国商业银行流动性风险空间集聚实证分析[J]．金融发展评论，2019（5）：107-121.

提供了避开某些监管限制、节约资金成本的机会，如通过同业市场进行资金调剂，银行可以在一定程度上绕开监管对资本充足率的要求，利用市场机会优化资本使用效率。这种策略虽然提供了灵活性，但也需要商业银行加强内部控制和风险管理，以防止过度风险的积累和潜在的市场失衡。

六、关于同业金融业务对银行经营相关研究

商业银行的集团经营模式可以促使其业务及内部流程持续更新和优化，进而取得更好的经营成果。这种经营策略通过整合不同的金融服务，如保险、证券和信托等，可以提高银行的服务效率和市场竞争力。集团经营模式允许商业银行通过交叉销售产品，增加客户黏性，从而提高客户的综合服务满意度和银行的整体盈利能力。例如，客户在进行资产管理时，可以同时获得商业银行的贷款服务、保险产品以及投资顾问服务，这种一站式的金融解决方案不仅方便了客户，也为银行创造了更多的收入来源。银行集团经营还有助于商业银行更好地管理风险，通过多元化业务的相互补充与对冲，减少单一业务可能带来的负面影响。

商业银行与保险公司、证券公司之间业务协同作用能够迅速形成规模效应，加速商业银行的发展。通过提供或与这些机构合作的服务产品，银行不仅能够扩大自己的业务范围，还能够利用合作伙伴的专业优势和客户基础，从而迅速提升市场份额和盈利能力。例如，商业银行通过与证券公司的合作，可以为其客户提供股票投资服务，证券公司也可以通过银行的渠道提供债券发行等服务。这种互利合作不仅增强了各自的业务能力，还提高了金融市场的整体服务质量和效率。在信贷资源较少的情况下，资质一般的公司通过获得更多的贷款，虽然其资金成本较高，却能够带来更多的主营业务收入。这也可能导致风险的“下沉”，增加银行的不良贷款率，因此需要商业银行在追求利润的同时加强风险管理和信贷审查标准。这种平衡策略是商业银行在推行混业经营时必须持续关注和优化的关键方面。

国内研究主要集中在同业金融业务的几个关键方面，强调了同业金融业务在金融机构之间开展的时候所表现出来的一系列特点和益处，包括如何通过同业金融业务来调节机构自身的资产与负债平衡、优化资产配置结构、增强抗风险能力以及减少在扩展业务时的资本耗用。同业业务提供了一个平台，使得金融机构能够在不同市场和环境条件下灵活地调整其资产负债表，从而更有效地响应市场变化和监管要求。例如，通过同业存款和同业拆借，银行能够在资金短缺时迅速获得流动性支持，或在资金过剩时优化其资金使用，从而提高资金使用的效率和收益。

同业金融业务在2010—2014年迅猛发展，所暴露出的各种风险也成了研究的重点。这些风险包括流动性危机、信用危机以及系统性风险等。研究指出，同业金融业务的高度互联性虽然带来了诸多便利和经济效益，但也增加了系统性风险，尤其是在金融危机时期，一个存在问题的机构很可能会通过同业市场将风险迅速传播到其他机构。例如，一家银行的流动性或信用问题可以通过同业市场影响到其他多家金融机构，从而触发更广泛的市场动荡。对于这些风险的研究不仅关注于它们的产生和影响机理，还包括如何通过监管和市场机制来有效地管理和控制这些风险。

众多研究从监管政策出发，探究这些政策对同业金融业务发展的具体影响。例如，中国的金融监管机构通过一系列政策和措施，如设定同业存款的比例限制、加强对同业拆借的监管以及推动资产质量的透明度，确保金融市场的稳定并防止风险的积累。这些政策的制定和实施反映了监管机构在保护消费者利益、维护金融稳定以及促进金融市场健康发展等方面的努力和承诺。

国外的研究主要集中在混业经营的模式上，认可其带来的诸多好处，尤其是在促进同业金融业务发展方面。国外的商业银行通过实行混业经营，能够提供更为多样化的金融产品和服务，这不仅增强了商业银行的市场竞争力，也为客户提供了更加全面的金融解决方案。

第三节　研究的背景、意义与目标

一、研究背景

2008年金融危机是由多重因素触发的全球性金融灾难，其影响深远且持续时间长。这场危机起始于美国房地产市场的崩溃，紧随其后的是抵押贷款市场的大规模违约。这些事件的原因在于，美元的无序扩张，以及金融监管的严重缺失。当时，为了抑制房地产泡沫，美国政府采取了紧缩货币政策，这进一步导致了房地产价格的暴跌。由于大量房地产贷款的违约，多家抵押贷款机构破产，引发了金融市场的连锁反应。金融产品的创新和金融杠杆的过度使用使得金融系统的脆弱性大增，一旦遇到外部冲击，就可能迅速崩溃。正是这种金融创新和监管的失败，导致了信贷风险的持续积累，最终触发了全球范围内的经济衰退。

这反映了同业金融业务在现代金融体系中所扮演的复杂角色。同业金融业务由于其在金融机构间创建了密切的联系，一旦一个机构出现问题，很容易通过金融链条传导至整个系统，从而产生系统性风险。加强对同业业务的监管，确保金融机构之间的业务交易透明和有序，是防范金融危机的关键。监管机构必须制定更为严格的监管政策，加强对金融产品创新的监督，合理控制金融杠杆作用，从而维护金融市场的稳定性和健康发展。金融机构需要建立健全的风险管理体系，确保能够及时发现并处理潜在的风险，避免危机的发生。

2023年10月在北京召开的中央金融工作会议强调，金融是国民经济的血脉，是国家核心竞争力的重要组成部分，要加快建设金融强国，全面加强金融监管，完善金融体制，优化金融服务，防范化解风险，坚定不移走中国特色金融发展之路，推动我国金融高质量发展，为以中国式现代化全面推进强国建设、民族复兴伟业提供有力支撑。

金融行业在推动实体经济发展中具有不可替代的作用，被形容为“牵一发而动全身”的核心系统。当前，中国正处于金融供给侧结构性改革的关键阶段，这场改革对于优化经济结构和增强经济活力至关重要。在全球多数经济体中，经济要素的供给与配置通常被视为衡量实体经济发展水平的前瞻性指标。

防范和化解金融风险是基础工作，需要通过增强金融机构的风险管理能力，提升金融市场的透明度和可预测性，以及强化宏观审慎管理来实现。这包括对各类金融产品和服务进行严格监管，及时调整宏观调控策略，以应对潜在的市场波动和风险积聚。优化资本市场结构也十分重要，不仅要加强现有金融市场的效率和活力，还需要发展多层次资本市场体系，促进直接融资特别是股权融资的比重增加，这有助于减少企业过度依赖债务融资的现象，平衡市场结构，降低系统性风险。商业银行通过同业金融业务，可更加有效融入直接融资市场，推动资本市场发展。

健全金融体制监管制度能够确保金融稳定，但需要完善金融监管框架，增强监管协调性，消除监管套利的空间，确保金融监管的全覆盖和无缝对接。通过这些措施，可以有效地提升产业链发展水平，使国民经济平稳运行，同时确保金融体系的长期稳定和健康发展。

二、研究意义

（一）理论意义

从理论角度看，同业金融业务风险管理是一个复杂的领域，涉及流动性风险、市场风险及其如何演化为系统性金融风险。近年来，学者们在全面风险管理理论和系统性金融风险理论上取得了一系列研究成果。这些理论指出，同业金融业务风险初步表现为流动性风险，即在短期内资金不能满足到期负债的情况。同业金融业务的市场风险表现在资产价格波动导致的损失可能性上。当这些风险因素在金融体系中传播和累积时，可能转化为系统性金融风险，威胁整个金融体系的稳定。通过对这些理论的深入分析，可以帮助学术界和实务界更好地理解同业金融业务的复杂性和系统性风险的形成机制，从而为风险预警和监管政策的制定提供理论支持和指导。

（二）实际意义

在实际意义方面，目前我国对同业金融业务风险的研究多聚焦于宏观层面或大型银行，而对地方小规模法人商业银行的风险管理研究相对较少。这些小规模银行通常面临着与大型银行不同的风险管理挑战。例如，地方法人银行由于规模较小，其在同业市场中的活动相对有限，因此其同业风险在总行层面集中，分支机构可操作的同业业务规模和品种较少。目前看来，随着经过吸收重组银行的成立，其开始逐渐增加同业市场的业务覆盖，面对入行时间短、风险管理架构和制度尚未完善的情况，部分小型法人银行已经开始显露风险。加强对这部分银行的风险管理研究，不仅有助于维护地方经济稳定，也是提升整个金融系统抵御风险能力的重要环节。

商业银行在中国金融体系中扮演着重要角色，不仅负责维护金融市场的稳定，还承担着支持国家经济发展的重要职责。随着经济形势的不断变化，商业银行的同业金融业务应充分发挥其内在优势，服务于国家经济的整体需求。

同业金融业务的增长加剧了金融机构之间的相互依赖和连接性，导致市场中期限错配的现象严重。这种期限错配可能在金融系统中触发多米诺骨牌效应，一旦某一环节发生流动性问题，可能迅速蔓延至整个金融系统，引发广泛的流动性风险。这种风险不仅难以通过传统的金融工具进行控制，还可能对实体经济造成深远的影响。确保同业金融业务的健康发展，不仅是商业银行自身稳定发展的需要，也是维护金融市场稳定的必要条件。通过深入研究同业金融业务的特点和风险，可以为制定有效的监管政策提供理论依据和实践指导，从而实现支持国民经济发展的目标，同时促进商业银行业务的持续健康发展，形成金融市场与实体经济互利共赢的局面。这要求商业银行在追求盈利的同时，需加强风险管理和资产质量控制，确保业务扩展在安全可控的范围内进行。

三、研究目标

同业金融业务作为金融机构间业务交叉的重要形式，其潜在风险的放大效应尤须关注。必须通过加强监管、优化金融架构和提升风险管理能力等多种手段，有效控制和化解同业金融业务中的风险。

尽管同业金融业务在中国金融体系中发挥着重要作用，但针对其风险管理的研究仍处于起步阶段。目前的研究主要集中在大型商业银行和宏观层面的分析上，而对地方性较小的法人银行的风险管理、广义同业金融业务发展策略等方面研究较少。这些地方法人银行虽然规模不大，但对地方经济发展具有重要影响。由于这些商业银行发展规模受限、制度架构不完善、人才物资条件相对较差，其在同业金融业务风险管理上存在的问题尤为突出。一旦发生风险事件，不仅会对自身运营造成冲击，更有可能影响到地方经济稳定，甚至引发更广泛的金融市场波动。

因此，监管机构需要根据小型法人银行的具体情况，制定更加细化和针对性的监管政策，提高这些银行对风险的识别、评估和控制能力。这些银行应当优化内部管理结构，强化风险管理体系，提升全员的风险意识和管理能力。加强这些银行的资本充足性和流动性管理，以增强其抵御风险的内在能力。通过这些措施，可以有效减少由同业金融业务引发的风险，保护地方经济免受金融波动的负面影响，从而为国家经济的稳定运行提供坚实的金融支持。

第二章　商业银行同业金融业务的理论基础

第一节　相关基础理论分析

一、分业经营和混业经营

在混业经营模式下，各类金融机构如银行、证券公司和保险公司的业务范围不再限于传统的界限，而是互相渗透和交叉。

在分业经营模式中，金融机构专注于其核心业务，如商业银行主要从事存款和贷款业务，证券公司专注于证券交易和投资银行业务，保险公司则侧重于保险产品的销售和风险管理。在中国，分业经营一直是金融监管的主要方向，旨在通过明确不同金融机构的功能和业务范围，加强监管效能，防止金融风险的交叉传播。分业经营的局限性在于，它可能阻碍金融市场的整体效率，限制金融机构业务创新的空间，因此在实际操作中，金融机构需要在遵循监管要求的同时寻找跨行业合作的机会。

在分业经营的背景下，同业金融业务成为连接不同金融机构的桥梁。例如，银行和证券公司之间的合作，利用银行的牌照优势和庞大的存款基础，为证券公司提供必要的流动性支持；利用银行客群优势，联合证券公司为客户提供更广的金融服务。这种合作不仅有助于银行有效地利用其资金，也为证券公司解决了资金需求，实现双方的互利共赢。证券公司的“三方托管”业务需要在银行进行资金托管，这种依赖关系进一步促进了两者之间的合作。通过这样的同业金融业务，不同金融机构能够相互补充优势，增强整体的金融服务能力，从而在保持行业稳定的同时推动金融创新和业务发展。这种策略的实施不仅提升了各自机构的业务能力，还对整个金融系统的稳健运作作出积极贡献。

二、合作竞争理论

合作竞争理论，即企业在与各种利益相关者如供应商、客户和其他同行业竞争者之间，既存在合作也存在竞争的关系。企业必须在竞争中寻找生存和发展的空间，通过竞争促进自身的创新和效率提升。竞争激励企业不断寻求更高的服务质量和更有效的运营方式，以保持在市场上的竞争力。合作则是企业战略的另一重要方面，通过与其他企业的合作，可以扩展业务范围，共享资源，降低成本，增强市场影响力，从而实现双方或多方的共赢。金融市场的竞争非常激烈，各大银行不仅需要在提供贷款、存款、投资及其他金融服务方面争夺客户，还必须在金融创新和服务提供上不断进行竞争，以吸引和保持客户。例如，国有大银行和股份制银行在追逐高收益、低风险的优质资产及投资标的时也处于直接的竞争状态。它们在面对同一优质投资标的时，必须通过提供更优惠的价格和更高效的服务来吸引标的物方的合作。这种竞争有助于推动银行降低资金成本和提高服务质量，从而促进资源的有效配置和金融服务市场的发展。

国有大银行与股份制银行之间的合作，特别是在同业拆借等方面的合作，体现了银行间合作的战略价值。国有大银行通常拥有较强的吸储能力和较多的自有资金头寸，这使得它们在流动性管理方面具有优势。

通过与股份制银行等其他金融机构的合作，国有大银行可以有效地利用这些优势，既支持了股份制银行的流动性需求，也提升了自身的资金收益率。这种合作不仅增强了参与银行的竞争力，还有助于整个金融系统的稳定，从而实现了行业内部的健康、持续发展。

三、比较优势理论

大卫·李嘉图（David Ricardo）在其经典著作《政治经济学及赋税原理》中提出了比较优势理论，这一理论在经济学中具有里程碑意义。李嘉图的比较优势理论突破了先前只关注绝对生产成本差异的思维局限，引入了相对成本效益的概念。该理论主张即使一个国家在所有商品的生产上都不具有绝对优势，它仍然可以专注于生产相对成本较低的商品，通过与其他国家的贸易来提高经济效率和增加国民收入。这意味着，每个国家应根据自身资源配置的相对效率，选择生产和出口某些商品，而从其他国家进口相对效率较低的商品。这种交换方式能使得参与国家均从中受益，实现资源的最优配置。

将比较优势理论应用于商业银行同业合作领域，可以揭示金融机构间合作的经济基础和实践意义。商业银行在同业市场中与其他金融机构的合作非常广泛，涵盖银银合作、银信合作、银证合作、银保合作、银财合作和银基合作等多个领域。每种类型的金融机构都拥有其特定的比较优势。例如，银行因具有吸收公众存款和发放贷款的独特牌照，成为同业市场上的资金提供者。银行的广泛网点覆盖和强大的品牌影响力，使其在提供地域广泛的金融服务方面拥有无可比拟的优势。这些比较优势不仅增强了银行的市场地位，还促进了其在同业合作中扮演核心角色。

通过这样的合作，银行与非银金融机构能够互补其服务和资源，优化整个金融生态系统的功能。例如，银行与证券公司的合作可以通过银行的资金支持帮助证券公司扩展其经纪和投行业务，同时银行可以通过证券市场操作优化自身资产结构和收益。同样，银行与保险公司的合作可以将银行的客户资源与保险产品结合，创造新的收入流和客户服务体验。这种基于比较优势的合作模式，不仅加深了金融市场的联动效应，还有助于提高各参与机构的竞争力和市场适应性，进而推动整个金融行业的创新与发展。这些合作策略的实施，展示了如何通过优势互补实现资源的最优配置，体现了比较优势理论在现代金融实践中的广泛应用和深远影响。

信托公司作为非银行金融机构，在金融市场中展示了独特的比较优势，尤其在与传统银行业务相比较时，信托公司在风险偏好方面通常比银行更高。这种高风险偏好使得信托公司能够设计并提供高收益率的信托产品，这类产品特别受到高净值客户的欢迎。由于高收益潜力，信托产品能够吸引那些在传统存款和低风险投资产品上可能得不到满足的客户群。信托公司在风险管理和收益优化方面的专业能力也使得它们能够在高风险的市场环境中维持稳定的业绩表现。这不仅提高了信托公司在财富管理市场中的竞争力，也加强了其作为投资渠道的吸引力。

信托公司的客户基础虽然不如商业银行庞大，但这也为信托公司提供了更多精力来专注于为每位客户提供定制化的服务。这种高度个性化的服务使得信托公司在客户关系管理和客户满意度方面具有显著优势。良好的客户服务和关系管理进一步促进了信托产品的持续健康发行和客户忠诚度的提高。在同业合作中，商业银行和信托公司通过各自的比较优势互补，实现了合作共赢的局面。例如，商业银行作为市场的客群“霸主”，为信托公司代销具有竞争力的信托产品，同时这些产品可以在银行托管，这不仅为银行带来了中间业务收入，还为信托公司提供了资金来源和运营支持，更好地吸引了追求高收益的高净值客户。通过这种方式，银行和信托公司之间的协作不仅增强了双方的业务能力，还提高了整体市场的服务质量和经济效益。

四、全面风险管理理论

随着信息技术的广泛应用，金融机构面临的风险呈现出复杂性和多样性。这些风险不仅来源于单一业务或部门，还可能因部门间的相互作用而产生复合效应，某些风险可能会因相互叠加而放大，有些则可能因相互抵消而减少。现代金融风险管理的核心在于采用系统性的风险组合观点，从整体上全面评估和管理风险。这种方法突破了传统风险管理理论仅重视局部、缺乏系统性和全局性的局限，强调了在整个金融机构层面上统筹考虑和处理风险。

全面风险管理（Enterprise-wide Risk Management, ERM）是金融风险管理发展的最新进展，它要求金融机构从战略高度出发，全面分析所面临的风险，并将风险管理纳入企业的每一个运营层面。这包括从战略目标设定到具体实施策略的转化，从公司法人治理结构到内部控制流程的优化，以及从风险管理模型的选择到风险预算和资产负债结构的调整。这种全面的风险管理策略不仅涵盖了识别和评估风险的传统方法，而且引入了先进的信息技术工具，如数据分析和模型仿真，来提高风险管理的精准度和效率。

全面风险管理是一个由董事会、管理层及其他相关人员共同实施的过程，它在战略制定阶段就开始介入，并贯穿企业的整个经营活动中。这一定义由美国反虚假财务报告委员会下属的发起人委员会（COSO）在2003年提出。ERM的目的是识别并控制那些可能影响组织运营的潜在风险，确保这些风险被管理在一个组织可以承受的范围内。通过这种方式，ERM为实现组织的运营目标提供了合理的保证。ERM并不是简单地将各种风险因素进行合并，而是将它们作为一个有机整体进行统一管理。这要求经营者不仅要识别影响组织和管理风险的潜在因素，而且要确保业务增长在风险与收益之间寻求最佳平衡。

全面风险管理理论强调实施全面的风险教育和文化建设，确保所有员工都理解其在风险管理中的角色和责任，从而形成一个风险意识强、能动性高的组织环境。通过这种整体的风险管理方法，金融机构能够更有效地应对复杂多变的市场环境，保持稳定运行，同时实现长期的可持续发展。

自 20 世纪 80 年代以来，商业银行开始将风险管理视为提高安全性的重要工作，风险管理在银行业中的重要性日益突出，银行业务的复杂性和全球化要求商业银行不断创新和完善其管理系统。

在实际应用中，全面风险管理理论的核心在于大数据的应用，这可以有效解决金融领域的信息不对称问题。例如，某银行在同业投资业务中，由于尚未建立一个完善的业务管理系统，其 IT 系统不足以满足业务统计监测和风险控制的功能需求，导致在风险识别、计量、监测和控制方面存在明显短板。这种情况凸显了强大的 IT 系统和高效的数据管理对于现代银行业务的重要性。商业银行必须不断更新其技术支持系统，以便更好地应对复杂多变的市场环境，实现对风险的全面管理和控制。

五、流动性风险管理理论

（一）资产管理理论

在 20 世纪中叶，资产管理理论得到了国际广泛的认可与应用，特别是在金融机构中的实际运用更是效果显著。当时，许多银行在负债管理方面存在制度不完善、经验不足以及缺乏明确的管理目标等问题，这些因素共同导致了管理效果不尽如人意。随着时间的推移和经验的积累，商业银行开始逐渐改善这一状况。它们开始更加自主地规划和管理自己的资产，并有效地安排资产配置，以优化其财务结构和提高财务稳健性。资产管理理论主张将资产流动性作为核心的管理目标，认为企业应通过优化资产的流动性来提高其整体运营效率和市场适应能力。资产的流动性管理不仅关注短期的现金流需求，还包括对长期资产配置的战略规划，如何通过灵活调整资产组合以响应市场变化，并从中获得竞争优势。这种理念强调资产本身不仅是企业运营的基础，更是衡量企业健康的重要指标，因此管理层必须对资产配置给予高度重视，确保其既能满足当前运营的需求，也能支持企业的长期发展。

（二）负债管理理论

进入20世纪50年代，财经环境日益复杂化，负债管理理论应运而生并迅速流行。该理论认为，企业特别是银行应通过主动管理负债来确保客户提现和信贷需求的可持续性，并在必要时从资本市场或其他货币金融市场中获得融资来保证流动性需求。与资产管理理论不同，负债管理理论强调银行应利用其自有负债作为管理短期流动性的主要手段。这包括优化负债结构和成本以及提高负债的灵活性和可用性，从而使银行在面对市场波动或资金紧张时，能够迅速调整其财务策略以应对挑战。负债管理还涉及平衡流动性与营利性之间的关系，银行需要在确保足够的流动性来支持日常运营，也要考虑如何通过负债管理提高自身的盈利能力。这通常涉及使用各种金融工具和策略来优化负债成本，同时寻求高效益的资本使用方式，以实现盈利最大化。这种策略的成功实施，不仅提升了银行的市场竞争力，也增强了其抗风险能力。

（三）资产负债综合管理理论

资产负债综合管理理论，起源于20世纪90年代，标志着金融管理实践中一个重要的理论创新。这一理论是在资产管理理论和负债管理理论基础上发展起来的，旨在帮助企业同时达到安全性、获利性和流动性的平衡。资产负债管理（Asset Liability Management, ALM）理论特别强调了资产与负债之间的协调与匹配，认为有效的资产负债管理不是单一的资产或负债决策，而是需要在整个组织层面上实现资金的最优配置。在这一理论框架中，金融机构需要综合考虑市场条件、利率变动、信用风险等多种因素，系统性地管理和预测其流动性状况。资产负债管理还涵盖了对资产和负债结构的持续审视，确保其适应性和反应性，从而保障金融机构能在不断变化的市场环境中维持稳定。

具体到操作策略，资产负债综合管理理论提出了多种管理流动性的方法。为了满足预期的流动性需求，商业银行可以通过持有流动性高的资产，如政府债券或高信用评级的企业债，来保证在资金需求急剧增加时能快速转换为现金。商业银行可以利用同业市场进行资金的拆借，这不仅可以短期内解决流动性压力，还可以作为日常资金管理的一部分，以应对突发的资金流出。对于长期的流动性需求，策略包括对未来现金流的准确预测并及时采取措施，如通过逐步变现中长期债券或贷款。ALM 要求金融机构通过精确测算债务偿还时间与资产到期期限之间的关系，正确处理这两者之间的错配问题，以及分析各类资产和负债的收益与成本，确保能够在保持财务健康的同时最大化财务效益。通过这些综合措施，资产负债管理不仅提升了金融机构的市场适应性，也极大地优化了其风险管理能力，为实现长期稳定发展提供了坚实的基础。

六、内部控制理论

内部控制理论是金融机构维护运作效率与规范性的基础，尤其对商业银行而言，这一理论框架的重要性不容忽视。该理论定义了一个组织为实现经营目标而采取的自我调整、约束、规划、评价和控制的一系列方法、手续与措施。这些措施旨在保护资产的安全完整，确保会计信息资料的正确可靠，并保证经营方针的贯彻执行。有效的内部控制系统不仅促进经济性、效率性和效果性的实现，而且强化企业对风险的应对能力。内部控制包含控制环境、风险评估、控制活动、信息与沟通以及监控这五个相互联系的要素。这些要素共同作用，形成了一个综合的风险管理和控制框架，通过精确界定控制的范围和内容（如内部会计控制和内部管理控制、内部总体控制和内部应用控制），商业银行能够确保其业务和管理活动的合规性与效率。

对于商业银行而言，建立和维护一个健全的内部控制系统是至关重要的。这个系统应全面覆盖所有业务活动和管理活动，通过制定全面、系统、规范的业务制度和管理制度来实现。商业银行需定期进行这些系统的评估，以确保其适应性和有效性持续存在。合理确定各项业务活动和管理活动的风险控制点，并采取适当的控制措施是确保运作安全的关键。执行标准统一的业务流程和管理流程不仅有助于商业银行确保规范运作，还能有效地减少操作风险。商业银行内部控制应遵循全覆盖原则、制衡性原则、审慎性原则和相匹配原则，这些原则共同构成了一个强大的内部控制和风险管理框架，旨在通过持续的改进和严格的监控，推动商业银行业务的持续健康发展。

（一）业务流程再造理论

在 20 世纪 70 年代，随着西方国家金融管制的逐渐放松，这些国家开始借鉴企业组织结构变革的成功经验，以提升金融机构的运营效率。1992 年，掀起了一场关于银行业务流程再造研究的热潮。研究提出，通过再造银行的业务流程，可以显著提高银行业务的效率和客户服务的质量。这种再造不是简单的流程优化，而是从根本上重新考虑和设计银行的工作流程，使其更加符合现代金融市场的需求，从而在激烈的市场竞争中保持领先。

迈克尔·哈默（Michael Hammer）进一步总结出银行业务流程再造的四阶段模式。第一阶段是建立再造团队，包括产生再造的领导、任命流程主持人和再造总管，必要时还要组建指导委员会及再造小组。这一阶段的核心是确保再造项目有明确的领导和组织结构，以便集中资源和注意力。第二阶段是寻求再造机会，选择要再造的业务流程，并确定再造流程的顺序，深入了解客户需求并分析现有流程的效率和效果。在此基础上，第三阶段是重新设计流程，召开重新设计会议，运用创新的思路和方法来重构流程。第四阶段是向员工说明再造的理由和愿景，通过宣传和教育来确保员工理解和支持新流程，最终实施再造。这一系列的步骤不仅增强了商业银行的内部管理，也极大地提高了其市场适应性和客户满意度。

业务流程再造理论在商业银行的实施主要通过引入业务单元制，即事业部制来体现。在这种模式下，商业银行的主要业务以“流程”为核心纵向开展，每个业务单元负责自己的损益责任，形成一种垂直管理模式。此模式的实施能有效削减组织内部的沟通层级，实现业务单元或事业部的重新组合。这不仅为产品的个性化奠定了组织基础，也提高了决策效率和响应市场变化的灵活性。通过事业部制，商业银行能够更快地适应市场需求，既可以提供更符合客户需求的服务和产品，也有助于进行清晰的利润追踪和责任归属，从而增强了业务单元的经营动力和业绩评估的透明度。

部分商业银行实行了后台集中化的策略，将基层机构网点和一线营销部门的非营销及服务职能逐步剥离到后台集中处理。这一措施使前台转变为专注于业务的整体营销和服务平台，从而提高了客户服务的质量和效率。通过上收管理权限，商业银行实现了风险点由人工“软控制”向系统“硬控制”的转变。这包括对会计科目、会计报表管理流程和部分高风险业务的集中作业实施再造，从而实现了从分散管理向集中管理模式的转变，有效防范了操作风险。这种集中化不仅提升了风险管理的效果，也优化了资源配置，降低了操作成本，提升了整体业务的协同效应。

自 20 世纪 80 年代起，面对金融脱媒、金融自由化和激烈的市场竞争，西方商业银行开始了重大的业务战略转型，逐渐由存贷中介商向综合金融服务提供商转变。20 世纪 90 年代，这一转型在全球范围内初步形成了当前银行业流程运作的主流模式，即流程银行。

1997 年，中国人民银行提出“三道防线”管理系统，即一线岗位监督、部门岗位制衡以及监督部门监控的三道防线，要求金融机构设立顺序递进的三道监控防线，建立完善的内部控制制度，既确保了银行操作的规范性和安全性，也促进了银行业健康稳定的发展。

（二）组织架构优化理论

在现代管理学中，学术界普遍将商业银行的组织结构分类为总分行制、事业部制、矩阵式三种主要类型。其中，事业部制因其高度的灵活性和对市场快速响应的能力而被广泛采用。矩阵式事业部制结构，作为银行业组织架构改革的主流目标，允许商业银行在保持业务专业化的同时增强跨功能的协调和资源共享。这种结构通过有效地结合纵向的功能管理和横向的产品管理，能够更好地平衡和整合各个部门的资源，提升决策效率和服务质量。

迈克尔·哈默对银行组织结构优化的研究进一步强调了以业务流程为核心的根本性再思考和彻底性再设计的重要性。哈默认为，优化银行组织结构的关键在于创建扁平化的管理层次，这一策略旨在压缩管理环节，缩短管理半径，减少层级结构，从而减少上下级间信息传递的失真，加速决策过程，并提高操作的透明度。扁平化的组织架构不仅提高了组织的灵活性，还有助于加强员工的责任心和积极性，因为它缩短了指令和反馈的链条，使员工能够更直接地影响决策并看到自己工作的直接结果。通过这种深入的结构调整，商业银行能够在成本控制、服务质量和响应速度等多个绩效方面实现显著的提升。

长期以来，中国商业银行在风险管理组织架构上面临几个主要问题。一是风险管理控制链条过长和管理层级过多，导致整体管理效率降低。这种层级繁多的结构增加了决策过程的复杂性，延长了响应时间，使得商业银行在面对快速变化的市场环境时反应迟缓。二是风险管理权力高度集中于总行，这种集中化的管理方式虽然能够保持决策的统一性，但也忽视了分支机构的实际操作环境和地方市场的特性，容易在一线业务执行中出现风险管理的漏洞。三是传统的风险管理体系多重视信用风险，而对市场风险、操作风险等其他类型的风险关注不足。这种偏颇的风险关注点可能导致银行在面对复杂金融工具和新兴市场挑战时，风险暴露过大。

（三）激励约束理论

斯蒂芬·P. 罗宾斯（Stephen P. Robbins）对激励的定义揭示了其在实现组织目标中的核心作用：激励是指通过高水平的努力实现组织目标的意愿，而这种努力是基于满足个体某些需求的条件。这表明激励与需求、努力及组织目标三个关键要素紧密相连。在经济管理学中，约束被视为对不符合系统目标的行为加以限制和规定的管理活动，与激励形成对立。这两种管理活动共同构成组织控制系统的基础，确保组织行为与其战略目标保持一致。相关的理论框架可以分为两个主要的理论体系：企业层级结构学派和企业合约学派。企业层级结构学派的代表人物如罗纳德·科斯（Ronald Coase）和奥利弗·E. 威廉姆森（Oliver Eaton Williamson），主要研究组织内部的权力结构和层级关系。而企业合约学派以阿曼·阿尔钦（Armen Alchian）和哈罗德·德姆塞茨（Harold Demsetz）、迈克尔·詹森（Michael Jensen）和威廉·麦克林（William Meckling）为代表，视企业为一组具有共同目标的成员之间的合约关系集合，关注公司的风险和收益如何在成员间分配，以及企业控制权和剩余索取权的关系。

在公司治理方面，管理层负责日常经营并拥有绝对的信息优势，为避免管理层追求自身利益最大化而牺牲公司利益，必须引入有效的公司治理机制。公司治理的本质在于如何安排公司股东与经理人之间的关系，这包括通过激励机制、监督机制和决策机制来促使管理层的行为与所有者利益一致。这种机制能够降低代理成本，避免激励不兼容问题，减少机会主义等道德风险。银行破产事件相较于非金融企业破产会对社会产生更大的负面影响，因此银行的公司治理还需要重点考虑社会公众的利益。这要求银行在设置目标、日常运作、承担责任、合规经营及保护存款人利益等各个方面都应表现出对有效公司治理的重视。

对于国内商业银行而言，内部人控制已成为经营管理中值得关注的突出问题。这种内控问题表现在董事会和高级管理人员应对银行有效公司治理负主要责任的过程中，管理层可能因信息优势而导向自利行为，从而影响到商业银行的整体运作和声誉。建立一个健全的内部控制制度，定期评估其有效性，并根据市场和内部变化适时调整，对于保障银行长期稳定发展至关重要。这不仅涉及对现有政策的修订和更新，还包括通过教育和文化建设加强员工对这些控制措施的认知和执行力度，确保银行能在复杂多变的金融环境中保持竞争力和公众信任。

（四）制度创新理论

美国经济学家道格拉斯·诺斯（Douglass North）和兰斯·戴维斯（Lance Davids），基于约瑟夫·熊彼特（Joseph Alois Schumpeter）的创新理论，在 1971 年合著出版了《制度变迁与美国经济增长》一书，系统地阐述了制度创新理论。他们认为，制度的发展是一个动态演进的过程，从一个制度均衡状态到制度创新，再回到新的制度均衡，这一过程不断循环。制度创新的动力源于创新利润，即预期收益与预期成本之间的差异。当外部条件发生变化，如技术进步或市场需求增加，增加了预期收益，或减少了预期成本时，原有的制度均衡状态就会被打破，激发组织进行制度创新活动。

制度创新过程中存在时间滞后，因为组织既需要时间来认识潜在收益并作出决策，也需要时间来进行内部协调、策略讨论并形成行动方案。在这一过程中，政府的角色往往是不可或缺的，政府可以通过立法或政策引导，为制度创新提供必要的外部环境和激励机制。例如，政府可能推出税收优惠、资金补贴等措施，鼓励企业在某些关键领域或技术上进行投资和创新。这样的政策支持不仅能够加速制度创新的实施，还能帮助整个行业或经济体系更快地适应新的经济环境和市场需求。

在当前商业银行的制度创新中，其特点主要体现在以综合经营为发展方向，将商业银行转型为“金融百货公司”。商业银行利用高科技手段，如计算机系统进行市场与信息分析，增强服务效率和质量。中国商业银行的制度创新历程表明，监管部门的推动力起到了关键作用。近年来，监管部门采取“贴身式监管”模式，通过合规政策与窗口指导的手段，为银行业发展中面临的各类问题提供了系列制度改革的方向。这包括商业银行股权治理、市场乱象综合治理等方面，其落脚点都在于完善银行业金融机构的内部管理制度，以此来降低系统性风险，保护消费者权益，并促进银行业的健康发展。理论上，一个无漏洞的内部管理系统是所有金融机构的追求目标，由于外部市场环境的持续变化和业务模式的综合化发展，银行所面临的风险点变得更加复杂和多变。传统的风险管理模式，即发生损失后才去查找原因并堵塞漏洞，这一模式显示出其反应速度和预见性不足。尽管商业银行已建立了现代化的管理体系，包括股东大会、董事会、监事会和高管层，但这一“三会一层”结构在日常公司治理和风险控制功能的发挥上仍显不足，存在管理漏洞，内控工作的精细化程度不高，导致无法有效预防和应对复杂的风险情景。

第二节 同业金融业务的经济学原理

从经济学角度来看，国内银行开展同业业务主要由内外部的四重因素所引起。

一、内部盈利需求

在中国银行业，传统的盈利模式正在经历根本性的转变。过去，银行业依赖于存款和贷款之间的利差来实现盈利，这种模式在一定程度上确保了商业银行能够在较低风险的情况下获得稳定的收入。近年来，随着中国金融市场改革的不断加深，特别是利率市场化的推进，这种传统盈利模式面临挑战。利率市场化意味着利率的形成更多依赖市场供求关系，而非以往由政府或监管机构直接设定。这导致商业银行之间在信贷产品的利率定价上展开了更加激烈的竞争，结果是商业银行的利差不断压缩，盈利空间相应减少。对银行而言，这不仅是一个挑战，也是转型升级的机遇。

在利差持续收窄的背景下，许多商业银行开始寻求通过非利息收入来增强盈利能力，这包括手续费和佣金收入，以及通过增加金融产品的创新来吸引客户，提高市场份额。例如，许多商业银行加大了对财富管理、资产管理等高附加值服务的投入，并通过提供个性化金融解决方案来满足客户的多元化需求。数字化转型也被视为提升竞争力的关键路径。通过利用大数据、人工智能等现代科技手段，商业银行能够优化操作流程、降低成本并提升服务效率，这在一定程度上缓解了传统业务下滑的压力。在市场化环境下，商业银行在追求利润最大化的同时必须加强对利率风险、信用风险的控制，确保资产质量。这需要银行不断完善风险评估模型，强化内部控制机制。监管机构也需跟进金融创新和市场变化，更新监管策略，确保整个银行系统的稳定性和安全性。银行业的未来发展，将更多依赖于银行能否在保持风险可控的前提下，适应市场变化，创新业务模式，以及提高自身的核心竞争力。

在当前全球经济增长缓慢、市场不确定性增大的背景下，商业银行面临的盈利挑战愈加严峻，直接影响了商业银行的主要盈利来源，即信贷业务。当前经济形势的变化，企业和个人的贷款需求减少，同时坏账风险增加，银行的贷款收益和资产质量都受到了冲击。监管政策的逐步收紧也为银行业务增添了复杂性。在应对流动性、资本充足率以及贷款集中度等方面的监管要求更加严格，这些都限制了商业银行通过传统信贷业务扩展规模的能力。商业银行不得不寻找新的盈利模式和业务增长点以应对收益下滑的压力。

同业金融业务由于能够提供较为灵活的资金调配方式，成了银行应对上述挑战的一种有效手段。同业市场允许银行之间进行资金的借贷和证券的买卖，这不仅可以优化银行的资金配置，还可以作为银行资产负债管理的重要工具。通过同业市场，商业银行可以在短期内调节自身的流动性状况，同时通过参与更多的金融工具交易，拓宽收益来源。例如，商业银行可以通过买卖政府债券、金融衍生品等高流动性资产，来对冲部分操作风险，并借此机会增强盈利能力。由于同业金融业务的低资本消耗和较高的流动性，使它在当前紧缩的监管环境下成为银行业越来越重视的业务领域。同业金融业务还带来了资源共享和互补的经济效益，这些都在实际操作中显著提升了银行间的协同效应，进而增强了整个金融系统的稳定性和抗风险能力。

在当今的金融领域，“互联网 + 金融”模式依托强大的技术支撑，改变了客户的服务期望和交易习惯，极大地提高了金融服务的便捷性和可访问性。通过互联网平台，用户可以轻松完成在线支付、贷款申请、资产管理等一系列复杂的金融操作，这直接影响了传统银行在客户接触点的优势。越来越多的科技公司和非银行金融机构投身金融服务领域，它们通过更低的费用和更灵活的服务模式吸引了大量原本属于传统银行的客户。这些新兴企业往往在大数据、人工智能等技术应用上更为先进，能够提供更为个性化的金融产品和服务，从而在市场上抢占先机。另外，实体经济的低迷也给传统银行业带来了不小的压力。当前，全球范围许多行业面临萎缩，企业盈利能力下降，进而影响到商业银行的信贷投放。这种情况下，不良贷款率的升高成为银行面临的另一大挑战。不良贷款的增加直接影响了商业银行的资产质量和利润表现。在这种背景下，同业金融业务由于其相对低的风险和稳定的收益特性，成为商业银行寻求利润增长的新途径。商业银行通过参与同业存款、债券买卖、金融衍生品交易等活动，不仅可以有效管理流动性风险，还可以在当前的紧缩监管和经济不确定性环境中寻找新的盈利模式，从而在一定程度上缓解了来自市场和监管双重压力的影响。

二、商业银行处于加速创新转型期

当前，越来越多的个人和企业选择将资金存放于提供更高收益率的互联网金融平台，这种变化迫使商业银行面对存款流失的压力。为了留住客户，很多银行被迫提高存款利率，这直接导致了银行负债成本的上升。高利率的存款产品虽然能暂时吸引和保持客户的存款，但也大大压缩了商业银行的利润空间。这种现象不仅减少了商业银行的资金使用效率，还加剧了资本市场的竞争。在这种背景下，传统银行不得不寻找新的业务方向和收入来源，以补偿因存款利率上升带来的利润减少。在这种环境下，商业银行逐渐将目光转向了同业金融业务，这成为它们的一大救星。同业金融业务，特别是同业存放和同业借款，因其较低的风险权重和较高的资产流动性，成为商业银行优化资产负债结构的重要工具。这种批发式的金融交易不仅可以帮助银行管理短期资金，还可以通过借入低成本资金来进行更高收益的长期投资，实现利差收入。银行还可以通过参与同业拆借市场、买卖政府债券和高评级企业债，以及操作衍生品市场等方式，进一步增强其盈利模式和风险管理能力。

银行通过同业金融业务的开展，不仅能够补偿传统存款业务因利率市场化导致的收益下滑，还可以在一定程度上降低对传统信贷业务的依赖，从而降低整体业务风险。在利率市场化的大背景下，同业金融业务的灵活性和市场化特征使其成为商业银行不可或缺的业务领域。同业金融业务的快速发展也要求商业银行必须加强内部管理，提高风险识别和风险控制的能力，以确保在追求盈利的同时不会因管理不善导致系统性风险的产生。

三、外部经济和金融环境的变化

在中国银行业，存贷款利率的上限由于利率市场化的深入改革而全面放开。这一政策变动极大地影响了商业银行的主要盈利模式——利用存贷款利差来获取利润。随着市场化改革的推进，传统的银行业务模式遭遇挑战，银行间的竞争日益激烈，存贷款利差持续收窄。根据中国人民银行的数据，近年来，商业银行的平均存贷款利差已从十年前的 2.5% 大幅下降。国家金融监督管理总局公布数据显示，2024 年第一季度，商业银行净息差为 1.54%，较 2023 年第四季度下滑 15 个基点，创下历史新低。这表明银行传统盈利能力正逐渐减弱。国家持续推动利率市场化，期望通过增强金融市场的竞争力和效率，促进金融资源的优化配置。这一策略虽然长远看有利于经济的健康发展，短期内却对银行的盈利模式构成了压力。为应对这种盈利能力下降的趋势，银行业开始寻找新的盈利点，同业金融业务成为近两年商业银行营业收入增长点。同业金融业务，即银行间的借贷和金融服务交易，是市场化改革背景下最早实现市场定价的业务之一。它允许银行之间根据市场条件自主决定利率，从而在一定程度上回避了传统存贷款业务中利率受政策调控的局限。这类业务的增长不仅提升了银行间的流动性管理效率，也为银行开辟了新的利润增长点。目前，同业金融业务已经成为多数中型商业银行利润增长的主要贡献者，其中同业存款和同业出借业务增长率分别达到了 15% 和 20%。

面对未来不确定性的增加和市场竞争的加剧，银行业需要进一步拓展其业务范围和创新能力，以维持其可持续发展。在这个过程中，同业业务的角色变得尤为重要。这些业务不仅是银行间资金流动性的调节器，更是风险管理和资本优化的重要工具。通过开展同业金融业务，商业银行能够更有效地分散风险，提升资本使用效率，这也有助于商业银行在全球金融市场上增强其竞争力。在当前金融环境下，银行业的转型已不再是可选择的路径，而是必然的选择。通过加强内部管理和利用技术创新，商业银行可以更好地适应这一转型，保持其业务的持续性和稳定性。

四、外部市场驱动

中国银行业在传统业务模式的发展中逐渐遇到瓶颈，这迫使银行业务必须转型以维持其可持续经营。特别是股份制商业银行在这方面展示出了较为积极的探索姿态。商业银行开展银行间同业金融业务，标志着传统银行业务模式的一次重要转变。此类业务的开展不仅为商业银行自身带来了新的盈利模式，也逐渐成为行业内部改革与创新的典范。同业业务的主要内容包括短期资金的借贷、证券的买卖和回购，以及衍生品的交易等，这些活动大大增强了银行资金的流动性和风险管理能力。银行间同业业务的兴起，不仅传统的商业银行开始重视这一领域，许多非银行金融机构也开始参与其中，以探索更多的业务机会和收益渠道①。例如，商业银行通过与保险公司、证券公司以及其他金融服务提供者的合作，不仅扩大了自身的信贷规模，也创新了多种利润模式。这种多机构合作模式有效地分散了单一业务的风险，提高了整个金融系统的稳健性，促进了金融市场产品的多样化，并帮助商业银行实现了资本效率的最优化。这种创新的业务模式不仅为银行业带来了新的生机，也为整个金融市场的发展注入新的动力。

经过十多年的努力，中国银行业的经营理念和各种管理机制得到了显著的优化和完善，银行员工的专业经验和服务能力也在不断增强。这些变化有助于银行更好地适应市场的发展和需求变化，特别是在同业业务领域。近年来，同业金融业务已经不仅局限于标准化的资金拆借和证券交易，更多地演化为银行间的非标准化业务，如结构性存款、信用衍生品交易等。这些业务的多样化和复杂化，使银行能够在风险控制和收益率之间找到更好的平衡。随着市场环境的变化，同业业务的规模持续扩大，为银行提供了更多的业务机会和盈利空间。

随着同业市场的扩展，地方性质的农村商业银行也开始积极探索并参与这一领域。这些银行虽然在规模和资源上不及大型商业银行，但它们在地方市场上具有独特的优势和深厚的客户基础。通过参与同业业务，

---

①张郁．商业银行资产管理业务的穿透式监管：本质、难点及对策[J]．南方金融，2017(10)：66-73.

这些地方银行不仅可以增加与其他金融机构的互动，还能通过非标准化产品创造新的收益来源，从而提升自身的竞争力和市场影响力。

第三节 风险管理理论在同业金融业务中的应用

风险管理理论在商业银行同业业务中的应用主要体现在风险计量成果的广泛应用、操作风险管理体系的建立以及通过多元化投资和加强内部控制来分散和降低风险。

一、风险计量成果的广泛应用

在当代商业银行的经营管理实践中，风险管理量化工具及其计量成果的应用已经变得越来越普遍。特别是风险调整后的资本回报率（RAROC）在信贷审批过程中的应用，为商业银行提供了一个刚性的风险控制机制。以 RAROC 和经济增加值（EVA）为核心的绩效评估体系，逐渐成为商业银行评价和激励员工的重要工具。这种基于量化指标的管理框架，不仅加强了资本的有效利用，也促进了商业银行整体经营理念向资本约束型转变。

随着该风险管理策略的深入实施，商业银行能够更准确地评估贷款和投资项目的潜在风险与收益。RAROC 作为一种衡量风险调整资本回报的工具，能帮助银行在决策过程中将资本成本与预期收益进行比较，优化资产配置。这种策略也支持商业银行在宏观调控和市场波动中维持稳健的财务状况，确保资本充足率始终符合监管要求。经济增加值（EVA）的运用，进一步帮助商业银行精确测量经营活动创造的真实价值，从而推动了更为科学的业绩评价和内部资本分配。

二、操作风险管理体系的建立

商业银行在现代金融体系中承担着重要的角色，其中操作风险管理是其核心职责之一。为了有效管理这一风险，商业银行制定了一套完整的操作风险管理政策、方法和程序。这些政策和程序旨在通过科学的风险评估和控制，降低可能导致财务损失或声誉损害的内部错误、欺诈行为和系统故障等风险的发生。商业银行还需要根据其业务性质、规模和操作的复杂程度计提足够的资本以抵御潜在的操作风险，确保在面对风险事件时，商业银行能够维持正常运作并保护投资者与客户的利益。为了进一步加强操作风险的管理，商业银行建立了一套操作风险事件的报告制度。这套制度要求银行在发现操作风险事件时，必须及时向监管机构报告，以便迅速采取措施进行干预和修正。这不仅有助于监管机构加强对银行操作风险的监管，也促使银行不断审视和改进其内部控制系统。通过这种动态的风险管理过程，商业银行能够适应不断变化的市场环境，及时调整其风险管理策略和措施。

操作风险管理体系的建立和完善，是商业银行稳定发展的基石。通过这些措施，商业银行不仅可以减少因操作失误或不当行为造成的损失，还可以通过持续的风险识别和评估，增强其对外部和内部威胁的应对能力。有效的操作风险管理不仅提升了商业银行自身的风险控制水平，也增强了公众对银行系统稳定性的信任，从而为整个金融系统的健康发展提供了支持。

三、通过多元化投资和加强内部控制来分散和降低风险

为了有效管理和降低风险，商业银行采取了一系列综合性措施，其中包括通过风险评估和监测系统来识别和分析潜在风险。这些系统利用先进的风险指标、风险评级和监测模型，使商业银行能够在风险形成初期及时发现和评估风险的可能性和严重性。这种及时的风险识别和评估框架是商业银行风险管理策略中不可或缺的部分，它支持商业银行在风险发生之前就采取预防措施，从而有效控制风险事件带来的潜在影响。商业银行通过实施多元化投资策略来分散风险，包括在不同行业、不同

地区及不同资产类别中进行投资。这种多元化的投资策略有助于商业银行减轻单一市场或行业波动带来的风险，从而降低整体市场风险的敞口。除了传统的多元化投资，商业银行还采用风险对冲和保险等工具来进一步减少特定风险的影响。这些工具通过转移风险或为潜在的财务损失提供保障，增强了商业银行对抗负面经济影响的能力。

为了确保所有操作的规范性和效率，商业银行还必须加强内部控制机制。这包括建立健全的审计制度、风险控制制度及内部管理制度，这些制度共同构成了商业银行内部控制的框架。通过这些内部控制机制，商业银行不仅能够确保业务的合规性和透明度，还能有效地监控和管理各类风险。强化内部控制机制是提升商业银行整体风险管理能力的关键，也是保障商业银行长期稳定发展的基石。通过这些措施，商业银行能够在复杂多变的金融环境中维持运营的稳定性和安全性。

第三章　国际商业银行同业金融业务的发展现状

第一节　同业金融市场的全球格局

一、国外银行同业业务发展源起

国外银行的混业经营模式为金融机构提供了更广阔的业务发展空间，使银行能够涉足传统银行业务之外的其他金融服务。商业银行通过与其他金融机构广泛开展混业经营，逐渐摆脱对传统信贷业务的依赖，朝向全面金融服务商转型，即追求成为“超级银行”。

国外的金融监管机构广泛认为，通过允许银行开展多元化业务，可以使银行的收入来源多样化，从而降低单一业务可能导致的风险。对于银行而言，能够根据市场情况灵活调整业务结构，对抗经济周期的波动。这一模式要求商业银行必须具备高水平的风险管理能力和内部控制机制，以确保在追求业务多样化时不会因管理不善导致风险的累积。监管机构需要制定相应的政策，确保商业银行在追求规模和多样性的过程中保持稳健的经营策略和高效的风险控制措施。

在金融业内，同业金融业务在监管完善、操作透明的情况下，属于能够提升银行系统稳定性的金融活动。不同类型的金融服务产生的风险各异，而合理开展同业业务对整个金融体系的稳固具有正面影响。这种观点被金融界广泛接受，因为同业金融业务通过提供流动性支持和风险共担机制，增强了金融机构之间的连接性，有助于分散单个机构可能面临的流动性困境或信用风险。同业市场允许银行间通过短期资金借贷来平衡自身流动性，从而在紧急需要资金时避免了资金链断裂的风险。通过证券化的产品，如商业票据和债券，银行可以在资本市场上筹集长期资金，这不仅增强了银行的资本结构，还提高了资金的使用效率。

与传统的存款和信贷业务相比，同业业务不仅在全球范围内的增长速度更快，也标志着市场基础金融体系的加速转型。这种趋势说明，金融市场越来越依赖于通过市场机制进行资金分配，而不是传统的银行中介模式。同业借贷市场的扩张促进了更广泛的资金流通，尤其是在商业票据和证券市场的活跃交易，这些都是现代金融市场流动性和风险管理的重要组成部分。这种依赖市场的金融结构也带来了新的挑战，尤其是在全球金融危机期间暴露出的问题。市场的过度波动可能迅速传递给整个银行系统，加剧系统性风险。虽然市场化金融活动在提升效率和促进资金分配上发挥了积极作用，但也须增强对这种结构性变化带来的潜在风险的认识和管理。

二、国外银行同业金融业务的发展及其风险

同业金融业务的风险与发展之间的关联是一个高度复杂且富于争议的议题。多年来，学术界对于同业金融业务是否会加剧银行经营风险的研究一直未有统一的答案。某些研究者持保守态度，强调如果同业金融业务缺少适当的风险控制和保障措施，那么这些业务有可能成为系统性风险的触发点。特别是在全球金融体系中，系统性风险被视为商业银行需要严防的主要风险之一。例如，在缺乏保险或担保的条件下，同业业

务可能引发银行的经营风险，银行在开展这类业务时应采用更为严格的风险评估和管理策略。

银行间的同业拆借系统本质上具有不稳定性，这种不稳定性源于同业市场的高度互联性及其对短期流动性的依赖。在资金流突然中断或市场信心下降的情况下，原本作为流动性管理工具的同业拆借可以迅速变成传导金融不安的渠道。研究结果提示监管机构和银行应当重视同业市场的结构性弱点，探索建立更为有效的市场稳定机制，如设立紧急流动性支持设施或改善市场流动性分布，以减轻潜在的市场紧张和防止系统性风险的扩散。这些研究成果强调了在全球金融市场趋向一体化的今天，对同业业务进行适度监管与风险预警的必要性，以及构建更加稳健的金融市场结构的重要性。

同业业务不一定会加剧银行的经营风险，反而可能具有降低风险的效果。银行间同业市场的独立性较高，银行业务不良状况不会自动地影响其他同业机构。这一点在市场的实际操作中尤为明显，即使某个银行遭受风险事件，只要该银行拥有足够的风险控制能力和内部管理机制，通常能够有效隔离风险，避免对其他同业机构造成显著影响。这种观点强调了银行内部风险管理的重要性，指出在高度发达且复杂的金融市场中，单一银行的风险管理能力是防止风险扩散的关键。

由 1993—2002 年的银行同业市场数据可知，银行将资金分散投资于不同的系统或市场，其做法有助于降低系统性风险的传播速度和影响范围。这一研究揭示了资金分散化策略的重要性，即通过多样化投资，商业银行可以在面临某一市场或系统性风险时，通过其他市场的稳定性来抵消部分风险。这种方法不仅增强了银行对外部冲击的抵御能力，也为整个金融系统的稳定性提供了一定的保障。这些研究成果对监管政策的制定提供了有价值的参考，表明在设计同业金融业务监管策略时，应充分考虑到这些业务在风险分散和管理中的潜在积极作用。

同业拆借市场的主要风险在于资金和市场流动性受到违约风险的显著影响。在同业拆借活动中，信用违约风险，特别是到期无法兑付的风险，构成了银行间资金交易的核心威胁。当一个金融机构因资金链断裂无法履约时，其直接影响会通过市场联系迅速扩散至其他金融机构，尤其是那些与其有大量未清算交易的机构。这种连锁反应不仅限制了单个机构的风险管理能力，也暴露了整个金融系统的脆弱性。理解和监控信用违约风险对于维护金融市场的整体稳定至关重要。

通过分析欧洲同业拆借市场的数据可知，在全球金融危机期间，同业业务规模较大的银行通常显示出较高的信用稳定性。这种现象可能是因为这些银行通过多元化的资金来源和较广泛的金融网络，能够在市场紧张时期更好地维持其操作。这种稳定性的背后也隐藏着潜在的系统性风险，因为一旦市场信心崩溃，这些高度依赖同业市场的银行可能会遭受更大的资金撤出压力。

现代金融体系中金融机构的相互依赖性和市场的复杂性导致金融风险传播速度加快和影响范围扩大。特别是在全球金融危机的背景下，市场流动性的快速变化与银行同业业务的高度交织，共同推动了危机的快速蔓延，使政策制定者和市场参与者对未来的金融环境调整充满挑战。

2023 年，全球紧缩货币政策的累积效应逐步显现，对总需求造成压力。美国抵押贷款固定利率由 2021 年的 3.25% 快速提高到 2023 年 5 月的 6.7%，银行贷款标准收紧，企业和家庭借贷成本上升，如图 3–1 所示。银行信贷需求减弱，实体贷款增速下降，导致实体需求减弱，尤其是利率敏感部门变化更为明显，如私人投资、消费（尤其是耐用消费品）和房地产市场降温显著。

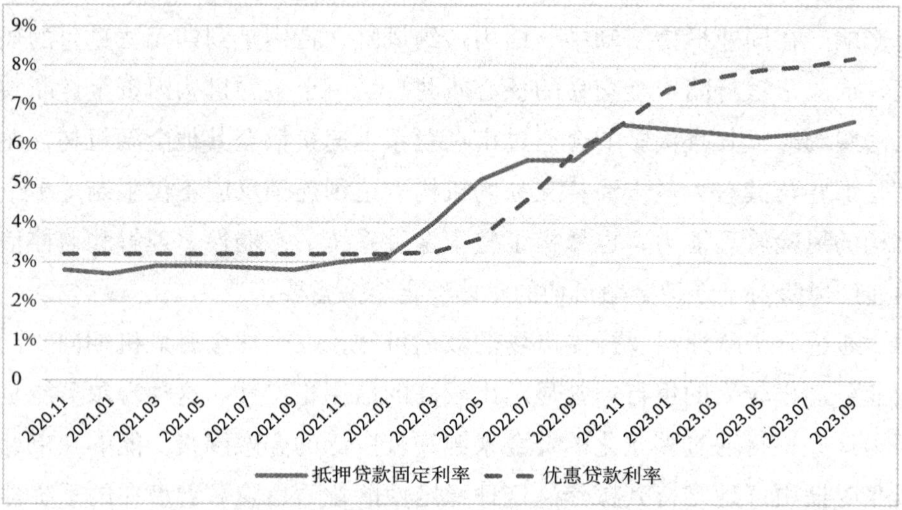

图 3-1　美国抵押贷款固定利率与优惠贷款利率趋势

2024 年，全球经济面临着加息累积及其滞后效应，这种情况在短期内抑制了投资需求，并导致房地产市场的脆弱性显著增加。在美国和欧盟这样的发达经济体中，通胀压力持续、利率上升以及财政紧缩政策的实施，共同作用于市场，造成了消费者信心的普遍低迷、内需的持续疲软以及投资的显著不足。特别是在美国，由于美联储自 2023 年起实施的激进加息政策，30 年期固定抵押贷款利率已经攀升至约 8% 的高位。这种高利率环境极大地抑制了房地产市场的需求，并使得房价面临下行压力，同时贷款违约风险显著增加。

2023 年，欧美及其他西方国家金融市场经历了一系列银行倒闭和非银行金融机构的爆仓事件，这些“黑天鹅”事件虽未引发类似 2008 年全球金融危机的全球性连锁反应，但仍然对金融体系的稳定性造成了严重影响。在当前的宏观经济环境下，波动性增大、流动性下降以及市场价格的大幅波动成为新的常态，而高通胀和长期利率上升进一步加剧了经济体面临的挑战。在这种背景下，各国政府和金融机构需要采取有效措施，以应对持续的宏观经济压力和金融市场的不稳定性，确保经济的长期稳定与发展。

（一）因欧美银行业危机而动摇的金融体系

自 2023 年以来，全球银行业经历了一系列的破产和倒闭事件，这些事件凸显了银行业的脆弱性及其对全球经济的潜在威胁。截至 2023 年 11 月，美国已经有六家银行宣布倒闭，这种连锁反应不仅导致银行客户和投资者纷纷撤资，还严重动摇了全球重要性银行的信任。这些银行的脆弱性主要源于未实现的损失，反映了货币政策收紧的速度和规模，以及银行对未保险储蓄或批发融资的依赖，这种依赖增加了银行系统在面对财务压力时的脆弱性。银行的倒闭对金融体系造成了深远的影响。一方面，这些事件直接影响了金融机构的稳定性，当银行陷入破产或严重困境时，其负债端的风险可能导致其他金融机构的信用风险传播，从而削弱市场的整体信心并加剧金融市场的动荡。另一方面，银行的倒闭也对金融体系的运行效率产生了间接影响。商业银行作为金融中介机构，为企业提供融资、存款和支付等服务，这些服务是支持实体经济发展的关键。当银行破产倒闭时，这些基本金融服务的中断可能导致资金供需失衡和融资困难，进而影响经济的正常运转。

考虑到银行倒闭对金融体系监管制度的影响，监管机构需要采取措施来保护投资者利益并维护金融稳定。这包括对倒闭银行进行清算，整理其资产和债务，并确保系统性风险得到控制。这一过程不仅耗费大量资源和时间，还对监管机构构成了压力。银行倒闭反映了金融体系中存在的问题，通常与风险管理不善、不良贷款的增加和内部控制的不力等问题有关。因此，金融体系需要强化风险管理，完善监管措施，并加强对金融机构的监督和评估，以预防系统性风险的发生。

（二）非银行金融中介机构在紧缩金融条件下的脆弱性

随着全球金融环境的收紧，各国中央银行采取了更严格的货币政策来应对持续的高通胀现象。这种政策调整特别影响了非银行金融中介机构，这类机构不仅包括养老基金和保险公司，还包括共同基金、对冲基金等，它们在全球金融资产中的占比已经接近50%。非银行金融中介机构的业务涵盖广泛，包括为家庭和企业提供贷款等服务，其资本结构和运营模式使它们在面对货币政策紧缩时显示出一定的脆弱性。这些机构的脆弱性主要源于高杠杆运作和流动性错配，即在资金紧张的市场条件下，它们可能难以通过资产清算或使用信贷额度来满足投资者的赎回要求。资金来源的不稳定和市场条件的紧缩对非银行金融中介机构造成了直接冲击。由于债券市场的流动性受到挤出效应的影响，这些机构面临资金获取困难的问题，从而限制了它们在提供贷款和其他金融服务方面的能力。非银行金融机构常常持有一定比例的高风险资产，如长期债券、信贷债务及衍生品等，这些资产在金融条件紧缩时，其价值和流动性可能受到严重影响。当市场波动增大时，这些高风险资产的市值可能大幅下降，从而给非银行金融中介机构带来潜在的财务损失。这些机构在风险管理和内部控制方面往往存在不足，无法有效应对金融环境的快速变化和挑战。

非银行金融中介机构的问题不仅影响其自身，还可能通过市场的互联性影响到整个金融体系。例如，当养老基金因高杠杆和流动性风险而面临困境时，可能迫切需要增加保证金和抵押品，这导致它们不得不在不利的市场条件下抛售资产，如政府债券，从而进一步推高了政府债券的收益率，引发市场的进一步动荡。这种情况下，一家机构的困境可能会迅速传导给其他机构，引发广泛的信用风险扩散和市场恐慌，甚至可能触发系统性风险。这种连锁反应揭示了金融体系中存在的互联依赖性和潜在的稳定性问题，强调了加强监管和风险管理的紧迫性。

（三）货币政策致力于恢复价格稳定

货币政策的主要目标是通过调节货币供应和利率水平来控制经济中

的通胀压力，从而实现长期价格稳定。中央银行实施各种货币政策工具，如调整政策利率和控制市场流动性，以调节经济活动和维持通货膨胀率的预期水平。在通胀压力加剧时，中央银行往往会采取紧缩性货币政策，通过提高利率和限制市场流动性来减少货币供应，以抑制价格上涨。相反，面对通缩威胁或需求疲软的经济状况，中央银行可能会实施宽松性货币政策，通过降低利率和增加货币供应来刺激经济增长和消费。

2023 年，主要发达经济体中央银行的货币政策表现出继续收紧但步伐有所放缓的特点。例如，欧洲央行在 10月的货币政策会议上决定维持其主要政策利率不变，此举显示出其对当前通胀压力反应的谨慎态度。美联储在 7 月的会议上仅将联邦基金利率目标区间上调 25 个基点至 5.25% ~ 5.5%，并指出这是该年度最后一次加息，此举表明美联储对之前累计 525 个基点的加息效果给予了初步评估。日本央行在 10 月底的会议上采取了更为灵活的收益率曲线控制政策，放宽了 10 年期国债利率的约束，显示出对国内外经济环境变化的适应性。

2024 年，虽然主要发达经济体的货币政策依旧倾向于收紧，但具体政策的实施将更加依赖经济增长和通胀动态的变化。美联储继续将联邦基金利率的目标区间保持在高位，显示出其对当前经济状况的持续关注，特别是在劳动力市场的紧张状况及其对通胀的潜在影响。欧洲央行虽表示降低利率需看到经济前景的重大变化，但通胀率仍高于目标水平，显示出对通胀风险的持续警惕。日本央行则表现出更大的政策灵活性，准备在必要时采取更多宽松措施以应对经济挑战，这表明在全球金融环境中，各主要央行正在寻求更精细化和响应性更强的货币政策工具来应对不断变化的经济条件。

第二节 同业金融业务中的主要参与者与交易模式

同业金融业务已经成为现代商业银行体系中不可或缺的一部分，其复杂性和广泛性跨越了信贷、货币和资本等多个市场领域。随着金融市场的深化和全球化，同业金融业务的重要性日益凸显，这不仅因为它能增强银行间的流动性和资金效率，还因为它在风险管理和市场稳定中扮演着重要角色。商业银行逐渐意识到，通过设立独立的同业部门来专门管理和扩展这些业务，可以更有效地利用市场机会，也能更好地应对市场波动和监管要求。在当前金融环境下，同业金融业务不仅限于传统的资金拆借和存款，更扩展到了债券市场、外汇交易、金融衍生品以及其他创新金融工具的交易。这种业务的综合性和交叉性使商业银行能够通过同业市场操作，优化资产负债表结构，提升资本利用效率，同时增加了银行之间的互动和联动，以及整个金融系统的抗风险能力。因此，同业金融业务已成为银行策略中一个重要的组成部分，促使银行不断创新产品和服务，以适应市场变化和客户需求。

商业银行通过设立专门的同业部门，不仅能专注于业务的专业发展，还能够更好地利用专业知识和技术进行市场操作，提高业务处理效率和决策质量。这些部门通常负责监控市场动态，分析行业趋势，制定相应的战略以优化银行的市场表现。此外，通过与其他金融机构的合作，商业银行能够扩展其服务范围，增加产品的多样性和创新性，从而在竞争激烈的金融市场中保持领先地位。通过这种方式，同业金融业务不断地为银行业和整个金融市场注入新的活力和动力，显示了其不可替代的战略价值。商业银行的合作模式显示了其在多样化金融环境中的策略多元性和服务扩展能力。以下详细阐述了商业银行与不同金融机构间的主要合作模式，展示了这些合作如何扩大银行的服务范围、提高市场竞争力和创新能力，商业银行与同业机构的合作模式，见表 3-1。

表3-1　商业银行与同业机构的合作模式①

合作机构	合作模式
商业银行与商业银行	同业资金拆借、存放同业 信贷资产转让 代理结算 代理银行汇票 互购债券及债券借贷 代理抵债资产处置 联合承销企债券
商业银行与证券公司	第三方存管 证券公司客户资产托管 证券资金清算代理 债券买卖与回购 同业账户透支资金拆借 证券抵押融资 券商资管计划托管
商业银行与基金公司	代理销售 资产托管 合作发行理财产品 多向性专户理财
商业银行与保险公司	代理销售 出口信用保险融资 企业年金托管 保险资管计划托管
商业银行与财务公司	同业代理结算 票据转贴现 信贷资产转让 信贷资产受让 资金拆借 代客外汇资金管理 资金管理系统 人民币债券结算代理 投资银行服务
商业银行与信托公司	信托资金托管 信托融资项目推荐 薪酬延迟支付计划家族信托等

①韩文亮，张吉光．WTO时代城市商业银行的战略选择[J]．银行家，2006（7）：20-22.

一、商业银行与商业银行的合作模式

商业银行间的合作模式显著增强了银行系统内部的互助及风险分散机制。同业资金拆借作为这些合作形式中的一个核心组成部分，主要是银行之间进行的短期资金交换。这种机制允许商业银行在面临短期流动性需求时，能够迅速调整其资金状况，从而避免流动性危机。通过同业资金拆借，商业银行可以在不同时间点上互相提供或获取流动资金，增加整个银行系统的灵活性和稳健性。信贷资产转让是银行间合作的另一种形式，这种方式使商业银行能够通过出售部分信贷资产给其他金融机构，来分散自身的信用风险和资产集中度。这不仅有助于银行缓解资本压力，还能通过资产的重新配置来优化资产结构，从而提高资产的运营效率和盈利能力。

代理结算服务则展示了商业银行如何通过合作来提高金融市场的活跃度和运营效率。商业银行通过提供代理结算服务，为其他银行执行交易结算，从而增强了市场操作的灵活性和效率。这种服务通常包括代理银行汇票、互购债券以及联合承销企业债券等活动。通过代理结算，商业银行不仅扩大了自身的服务范围，也为市场参与者提供了更加便捷、高效的交易执行手段。这种合作模式还促进了市场资金的流动性和银行间的信任，为整个金融体系的稳定贡献了力量。通过这些合作策略，商业银行不仅能够扩展业务范围，提升服务质量，也为金融市场的健康发展和创新提供了有力支持。

二、商业银行与证券公司的合作模式

在现代金融市场中，证券公司与商业银行之间的合作日益深入，其合作模式也变得多样化。特别是在第三方存管和证券资金清算代理服务方面，这种合作提供了资金安全性的同时加强了流动性管理。第三方存管服务允许商业银行为证券公司的客户提供资金保管，确保这些资金在进行证券交易时的安全与合规性。通过这种服务，商业银行不仅加深了与证券公司的合作关系，还通过服务费用增加了自身的收入来源。证券资金清算代理服务使商业银行能够代表证券公司处理交易结算过程中的资金流动，这不仅提升了交易效率，也增强了银行在金融市场中的活跃度和影响力。

商业银行与证券公司的合作还扩展到了券商资管计划代理销售和券商资管计划托管服务。这些服务强化了商业银行的资产管理能力，使商业银行能够更有效地满足投资者理财需求。例如，券商资管计划代理销售，可与银行或银行理财子公司理财产品形成互补，满足特定客户群体的投资需求。券商资管计划托管服务则为证券市场参与者提供了更高层次的资金保障，增强了投资者的信心，促进了市场的健康发展。通过这些合作方式，商业银行不仅增强了自身服务的深度和广度，还提升了其在金融市场中的竞争力和影响力，为金融市场的稳定与发展作出重要贡献。

三、商业银行与基金公司的合作模式

商业银行与基金公司之间的合作是当前金融市场中的一种重要的协同关系，它通过整合双方的优势资源，提供了更为全面的金融服务与产品。特别是在代理销售方面，商业银行利用自身庞大的客户基础和渠道优势，销售基金公司的各类投资产品，如混合基金、债券基金和股票基金等。这种合作模式不仅为银行客户提供了更多的投资选择，也帮助基金公司扩大了其产品的市场覆盖范围和销售规模。商业银行通过提供这些金融产品，能够吸引和维护更广泛的客户群，增强客户的黏性，同时通过代理销售获得的佣金收入为银行提供了额外的收益来源。

在托管服务和合作发行理财产品方面，商业银行与基金公司的合作进一步展现了金融服务的综合性与专业性。商业银行为基金管理的资产提供托管服务，确保投资资金的安全和合规性，同时提高了银行的资金运营能力和服务水平。合作发行的理财产品，如专户理财产品，允许商业银行根据特定客户群的具体需求，设计并提供定制化的金融解决方案。这不仅满足了客户对高度个性化服务的需求，也通过创新金融产品的提供，增强了商业银行在市场中的竞争力。通过这些专业和定制的服务，商业银行能够更有效地管理和增值客户资产，同时为基金公司提供了新的资金来源和投资渠道，实现了商业银行、基金公司与客户之间的共赢。

四、商业银行与保险公司的合作模式

商业银行与保险公司之间的合作模式已经成为提高金融服务多样性和增强客户服务体验的重要策略。特别是在代理销售保险产品方面，商业银行利用其广泛的分支网络和客户基础，向个人和企业客户提供各类保险产品，包括人寿保险、财产保险及责任保险等。这种合作不仅为银行带来了额外的收入来源，通过佣金和费用分享，也为保险公司提供了更广泛的市场接触机会。商业银行通过这种方式能够更全面地满足客户的多元化需求，提升自身的市场竞争力。例如，通过销售生命保险和健康保险，商业银行能够帮助个人客户规划其长期的财务安全，而为企业客户提供财产和责任保险可以帮助它们缓解潜在的经营风险。此外，通过这种服务模式，商业银行能够加深与客户的关系，提高客户的忠诚度和满意度。

在出口信用保险融资服务方面，商业银行与保险公司的合作为企业客户提供了创新的融资解决方案，这在国际贸易中尤为重要。出口信用保险允许出口商保护自己免受买方支付违约的风险，这种保险通常由保险公司提供，并且通过商业银行来协调和融资。通过此服务，商业银行不仅能帮助企业客户管理和降低贸易相关的信用风险，还能通过提供贸易融资产品来支持客户的销售和扩展海外市场。例如，商业银行可以提前支付出口信用保险下的应收账款给出口商，从而改善企业的现金流，并加速资金周转。这种金融创新不仅优化了企业客户的财务结构，也加强了银行在贸易融资领域的专业能力和市场地位。与保险公司的紧密合作还使银行能够通过联合开发新的金融产品来不断创新服务，满足市场的变化需求。

五、商业银行与财务公司的合作模式

商业银行与财务公司的合作是现代金融生态系统中的一个关键动作，旨在加强商业银行的财务管理和资金服务能力。具体合作方式包括同业代理结算、票据转贴现、资金拆借等，这些服务有效地增强了商业银行的流动性管理能力和金融市场操作效率。同业代理结算允许商业银行之间通过财务公司进行资金结算，提高了资金使用的安全性和效率，减少了交易成本和时间延迟。票据转贴现为财务公司提供了一种将应收账款快速转化为现金的手段，帮助银行及其客户改善短期资金周转能力。资金拆借则通过财务公司在银行之间的资金调配，平衡了市场的资金供求，保证了银行系统的整体流动性和稳定性。这些服务的实施，不仅优化了银行的资金配置，还加深了其在金融市场中的参与度，增强了对市场动态的响应能力。

商业银行与财务公司的合作还涉及高级技术服务，如集团资金管理和人民币债券结算代理等。这些技术服务极大地提升了商业银行的技术水平和市场适应性。集团资金管理系统为商业银行提供了一个高效、安全的在线支付和结算平台，使银行能够为客户提供快速的跨行转账、支付及其他金融服务，极大地提升了用户体验和满意度。人民币债券结算代理服务则让银行能够在债券市场中扮演更为重要的角色，不仅为客户提供投资债券的渠道，还负责债券的结算过程，确保交易的顺畅和合规。通过这些先进的技术服务，商业银行不仅加强了自身的市场竞争力，也为金融市场的稳定与发展贡献了力量。这种技术与服务的融合，标志着商业银行在追求创新和效率的道路上迈出了坚实的步伐。

六、商业银行与信托公司的合作模式

信托公司与商业银行的合作在提升银行业务多样化及增强市场竞争力方面，发挥了重要作用。具体而言，信托资金托管服务为商业银行提供了专业的资产管理和托管解决方案，确保资金的安全性和透明度，同时提高了商业银行在资产管理领域的专业能力和信誉度。信托资金托管不仅包括对信托财产的保管和管理，还涉及对信托计划估值等一系列服务，这些服务为银行客户提供了高效的资金管理和资产配置方案，满足了客户在投资和财富管理方面的多元化需求。信托公司与商业银行合作进行信托融资，能够为企业客户提供灵活多样的融资方案，通过信托融资，企业不仅能够获取更多的资金支持，还能通过信托结构优化其资产负债表，提高资本运作的效率和灵活性。信托融资的创新模式，如资产证券化和项目融资等，进一步丰富了商业银行的融资产品线，拓宽了融资渠道，增强了商业银行在企业融资市场中的竞争力。

商业银行与信托公司在资产转让等业务上的合作，使商业银行可以将优质的资产转移至信托公司管理，优化自身资产负债表，降低信用风险和流动性风险。这一过程不仅提高了商业银行的资产质量，还增强了其风险管理能力和资本充足率。信托公司通过与银行合作，能够将其丰富的资产管理经验和资源整合，提供多样化的信托产品和服务，如房地产信托、股权投资信托等，满足不同客户的个性化需求。这种合作模式不仅拓展了银行的业务范围和服务深度，还提升了客户的投资选择和金融服务体验，增强了商业银行在市场中的影响力和品牌价值。通过这种深入的合作，银行和信托公司能够实现资源共享、优势互补，共同推动金融产品和服务的创新与发展，为客户提供更为全面和高效的金融解决方案。

这些合作模式彰显了商业银行在当前金融市场中的多样化策略，以及它们如何利用这些策略来提高服务质量、扩大市场份额并增强竞争力。

这种多元化的合作模式不仅增强了银行的业务能力，也为市场参与者提供了更丰富、更专业的金融产品和服务。

第三节　国际同业金融业务的发展典型及演进

在美国，同业金融业务的发展受到了金融市场开放程度和创新能力的驱动。美国作为全球金融创新的先行者，其开放的金融市场为银行之间的同业交易提供了丰富的土壤。这种开放不仅促进了资本的自由流动，也加速了新金融工具和服务的开发。美国商业银行利用这一优势，通过同业金融业务拓展资金来源和业务网络，从而提高整体的运营效率和市场响应速度。金融创新，如衍生品市场的发展和数字银行服务的引入，进一步加深了同业金融业务的复杂性和多样性，为银行间的资金流动提供了更多渠道和更大灵活性。美国商业银行间的激烈竞争是推动同业业务快速发展的另一关键因素，银行之间不仅在传统的存贷款产品上相互较量，同业金融业务也成了获取资金、优化资产负债表、提高盈利能力的重要策略。同业存款、同业贷款和证券融资等形式的交易活跃度显著增加，商业银行利用这些交易工具在市场低迷时期保持流动性，并在市场繁荣时期通过这些工具增强盈利能力。

在同业金融业务的快速发展中，美国商业银行的风险管理策略也相应地得到了加强和改进。银行开始更加重视对同业业务中潜在风险的监测与控制，如信用风险、市场风险和流动性风险。通过采用高级的风险评估模型和风险缓解措施，如压力测试和资本充足性要求，商业银行能够更有效地管理和限制这些风险的影响。监管机构如联邦储备银行也通过制定严格的监管标准和检查程序，确保银行的同业金融业务不会对整体金融系统的稳定性构成威胁。通过这些举措，同业金融业务在增强银行业务多样性和盈利能力的同时保持了整体金融市场的安全和稳定。全球金融市场的波动性和不确定性虽然带来了风险，但也创造了多种利用这些变动进行资金运作和收益增长的机会。例如，通过跨国同业借贷和货币交换，美国银行可以利用全球资金流动性差异，实现资金成本的优化和利润的最大化。全球经济的多极化趋势使美国商业银行需要通过同业金融业务拓展其在新兴市场的业务范围，以应对不断变化的国际金融环境和竞争格局。通过这些策略，商业银行不仅能增强自身的市场地位，还能通过分散投资来降低系统性风险。创新的金融科技产品，如区块链技术、人工智能、大数据分析等正在重新定义同业金融业务的操作方式和服务模型。区块链技术可以为同业交易提供更高的透明度和安全性，减少交易成本和时间。人工智能的应用能够帮助商业银行更准确地评估信用风险和市场风险，提高决策的效率和准确性。通过这些技术的融合应用，美国商业银行能够提供更加定制化和响应速度更快的金融服务，从而满足客户多样化和高标准的需求，增强其在激烈的市场竞争中的优势。

自 20 世纪 70 年代以来，美国金融体系经历了显著的变迁，尤其是在金融机构经营模式方面。随着国际经济形势的巨变和金融脱媒现象的日益严重，美国商业银行面临着利率市场化的重大挑战。在这一背景下，传统的分业经营模式已不能满足商业银行的利润增长需求，原有的利差收窄，推动了金融机构向混业经营的转型。此种经营模式允许商业银行、证券公司、保险公司等金融实体业务之间的相互渗透和交叉，从而打破了传统分业经营的界限。这种转型不仅反映了金融市场对更高效、更灵活服务模式的需求，也显示了金融机构对市场动态的快速响应能力。混业经营模式通过提供一站式金融服务，显著增强了客户服务的效率和质量。在这种模式下，金融机构能够在不同业务板块之间进行交叉销售，丰富业务种类，深入挖掘客户价值。这不仅减少了运营成本，还增强了客户黏度，为金融机构带来了更大的收益和市场竞争力。例如，客户在进行资产配置时，可以在同一金融集团内部获得包括银行存款、证券投资、保险保障等多元化服务，这种便利性大大提高了金融体系的运转效率，更有效地支持了实体经济的发展。通过深入整合各类金融服务，金融机构能够更好地抵御金融脱媒现象，保持其业务的稳定增长。

在全球范围内，混业经营的模式主要分为全能银行（综合法人）模式和以资本为纽带的集团综合模式。在欧洲，全能银行模式让银行能够在同一法人架构下同时经营银行业、证券业、保险业等多种业务。而在美国，更普遍的是以资本为纽带的集团综合模式，其中金融控股公司或大型金融机构，如商业银行、保险公司通过跨行业投资建立起其他金融机构，形成强大的金融集团。一些大型金融机构通过这种模式在多个金融领域内展开业务，实现了资源的优化配置和业务的协同增长。这种模式的优势在于能够通过资本投资和业务整合，加强金融机构的市场影响力和风险管理能力，从而在复杂多变的金融市场中维持竞争力和稳定性。

一、美国银行混业经营总体发展历程

19 世纪 60 年代，美国金融行业经历了其混业经营的初级阶段。这一阶段的特点是金融机构开始尝试突破传统业务的界限，向其他金融领域扩张。当时,《国民银行法》的颁布严格限制了国民银行经营证券、保险等非银行业务，意图保持银行业务的纯粹性和安全性。19 世纪末和 20 世纪初，随着证券市场的迅速繁荣和扩大，商业银行和投资银行开始利用各自的资本优势，相互渗透，进行业务扩张。这种渗透并非全面的业务整合，而是一种相互之间的业务补充和资本运作。商业银行通过直接投资或提供贷款支持，参与证券市场中，投资银行则寻求银行资金的支持以扩大其证券投资规模。这一时期的金融活动虽受到法律的制约，但商业实践中的动态调整为后续混业经营的进一步发展奠定了基础。

进入 20 世纪 30 年代，由于 1929 年至 1933 年的大萧条以及资本市场崩溃，美国政府重新审视并加强了对金融业的监管。1933 年，《格拉斯 – 斯蒂格尔法案》的通过标志着美国金融业分业经营格局的正式确立。此法案严格区分了商业银行和投资银行的业务范围，旨在通过分业经营减少金融市场的风险，并防止类似大萧条时期的金融灾难再次发生。这一法律政策的实施有效地限制了金融机构业务的交叉与混合，商业银行被禁止直接参与证券市场的交易和投资，而必须专注于其传统的存贷款业务。此阶段的政策导向不仅影响了美国，也成为许多国家金融监管体系建设的参考模式，对全球金融市场结构产生了深远的影响。

进入20世纪80年代后，随着科技的进步和世界金融市场的不断发展，金融衍生工具的创新及金融市场的全球化推动了金融业务的进一步融合。金融业之间的渗透和融合力度逐步加强，特别是在20世纪90年代以后，金融管制的放松和金融创新活动的加剧，促使商业银行和投资银行的业务融合进一步深化。银行、证券、信托、保险等不同金融行业的跨行业联合和优势互补的并购活动日益频繁，这一现象在美国银行的并购之路中表现得尤为明显。

二、美国MG银行混业经营发展历程

MG银行创建于1968年，前身是1904年由意大利移民创建的意大利银行，主要服务于太平洋沿岸各州的存贷款需求。1929年，它与加利福尼亚MZ银行合并，随后更名为MZ国民信托储蓄银行，总部设在旧金山。这次合并不仅标志着其向更大规模的银行业务的扩张，而且也为其后续的发展奠定了基础。在这一时期，MZ国民信托储蓄银行通过提供多样化的金融服务，逐步扩大了其在美国西部的影响力。这一时期的银行合并与扩张，反映了美国金融市场逐渐向集中化、规模化的发展趋势。1969年，为了进一步整合资源并优化运营效率，MZ银行持股公司成立。这一举措标志着其从一家地区性银行向全国性金融服务集团的转变。在1980年以前，该行的资产和存款在美国商业银行中一直位居前列，展现了其强大的市场竞争力和业务增长能力。MZ银行的这一发展阶段，充分体现了其通过持续的战略扩张和管理优化，逐步在美国金融行业中占据领先地位的过程。MZ银行的战略还包括通过技术创新和服务多样化，不断提升客户服务质量和市场响应速度，从而巩固其在竞争激烈的银行业中的地位。

1997 年，MZ 银行与北卡罗来纳州的 GM 银行合并，并更名为 MG 银行，这一战略举措使其正式进入美国中部市场，其市场地位迅速上升，直逼排行第一的 HQ 集团。此后，MG 银行通过一系列重大并购，如收购 BSD 旗舰银行、某信用卡公司以及 HL 银行北美分支 La-Salle Bank，显著扩大了其在东部市场的业务范围。2008 年，MG 银行又通过收购某房贷机构从而在房贷领域取得领先地位。更为重要的是，MG 银行的兼并 ML 银行的战略决策，不仅大大增强了其在投资银行领域的竞争力，也标志着其成为全国性银行及在北美拥有最多分支机构的银行。这一系列并购和扩张策略，极大地增强了 MG 银行的市场影响力，使其成为金融业的一个重要巨头。

在金融领域中，制度需求与法定供给之间的矛盾往往促进金融创新的发展。20 世纪末，由于美国商业银行在与全能银行的国际竞争中逐渐显露出劣势，这种压力促使银行业寻求新的法律支持以强化其市场地位。1999 年 11 月，经过美国银行业的强烈游说，美国国会通过了《金融服务现代化法案》，法律上取消了商业银行和证券公司之间的跨界经营限制。这一立法的实施，标志着美国金融业步入了一个全新的发展阶段，金融机构得以通过合并与收购等手段，实现业务的多样化和专业化。这种策略不仅增强了金融机构的市场竞争力，也推动了金融业务的集中化和国际化，从而更好地适应经济全球化的市场环境。

金融市场的快速发展与创新在带来机遇的同时伴随着风险。2007 年美国次贷危机的爆发及其后引发的 2008 年全球金融危机，暴露了金融市场尤其是衍生品市场监管不足的问题。这些危机的爆发，从根本上动摇了金融市场的稳定性，对全球经济产生了深远的影响。在这种背景下，美国政界和社会各界开始重新审视混业经营的风险，有力地呼吁恢复银行业分业经营的模式，即《格拉斯 – 斯蒂格尔法案》。恢复该法案的呼声反映了市场对于防范系统性金融风险、增强金融稳定性的迫切需求。

三、美国 FG 银行混业经营发展历程

美国 FG 银行成立于 1852 年，起初位于纽约，后逐渐发展成为一家在全国范围内享有盛誉的多元化金融集团，并以社区银行和交叉营销策略闻名于业界。FG 银行的业务模式充分体现了金融机构通过混业经营满足客户需求的策略。交叉销售，即向同一客户推销多种金融产品，是该行通过薪资激励计划促使员工积极参与的策略。此策略旨在通过提供储蓄账户、信用卡、住房抵押贷款、汽车贷款、各类投资和保险等一系列金融服务，来实现客户金融需求的多元化满足及银行自身收入的增长。这种模式在理论上能够为客户提供一站式的金融解决方案，提高客户满意度和银行的市场占有率。

FG 银行的交叉销售策略在实际执行过程中曝光了一系列严重的道德和法律问题。银行员工在追求业绩目标的高压下，采取了一些不正当的手段，如未经客户同意就私自开立海量的存款和信用卡账户，甚至擅自将客户资金转移至这些所谓的“幽灵账户”。这些未经客户授权的行为，有时会给客户带来额外的财务负担，如因未知账户产生的费用和滞纳金。据估计，这种不当行为涉及的“幽灵账户”高达 200 万个。这些行为严重违背了金融服务业的基本伦理和法规要求，损害了银行的公信力和客户的利益。这些问题最终引起了监管机构的关注和干预。FG 银行因其在业务开展中的不当行为，被监管机构处以 1.85 亿美元的罚款。这一处罚不仅是对 FG 银行行为的直接回应，也反映了监管机构对金融机构违规操作的严肃态度。此事件提醒了整个金融行业，即使是基本的业务推广活动，也必须严格遵守法律法规和道德准则。它也凸显了金融机构内部控制系统的重要性，特别是在激励机制可能导致不当行为时，监管和内部控制的作用是不可或缺的。

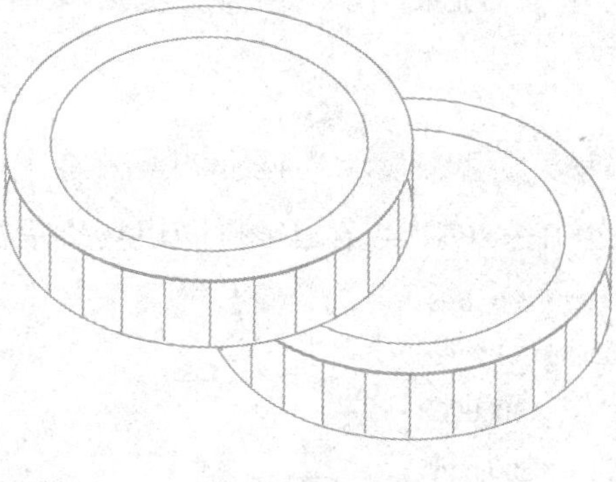

第四章　中国商业银行同业金融业务发展历程

第一节　同业金融业务在中国的起源与发展

第一阶段（1984—2002 年）标志着中国同业拆借市场的起始与初步发展。同业拆借业务始于 1984 年 10 月，随着市场的发展和需求，1996 年 1 月 3 日全国性的银行间拆借市场正式成立。这一阶段的同业金融业务主要以银行间短期资金调剂为主，主要是为了解决银行间临时性的资金流动性问题。同业拆借市场的建立，为中国银行业的流动性管理提供了一种新的机制，有助于银行之间资金的有效配置，同时促进了银行资金的灵活运用，增强了银行业整体的抗风险能力。

第二阶段（2003—2008 年）同业金融业务在中国经济中扮演了流动性调节的关键角色。特别是 2007 年，在经济刺激政策的影响下，市场流动性相对宽裕。在此期间，中国商业银行面对增长乏力的利润挑战，开始寻求通过同业金融业务来开辟新的盈利渠道。由于同业业务资本占用较少、套利空间大的优势，各家银行开始积极发展同业金融业务，使之成为一种重要的收入来源。2007 年至 2008 年，同业拆借业务的增长速度显著，显示出同业市场在银行资金管理策略中的重要性日益提升。2001—2011 年全国银行间市场拆借发生额如图 4-1 所示。

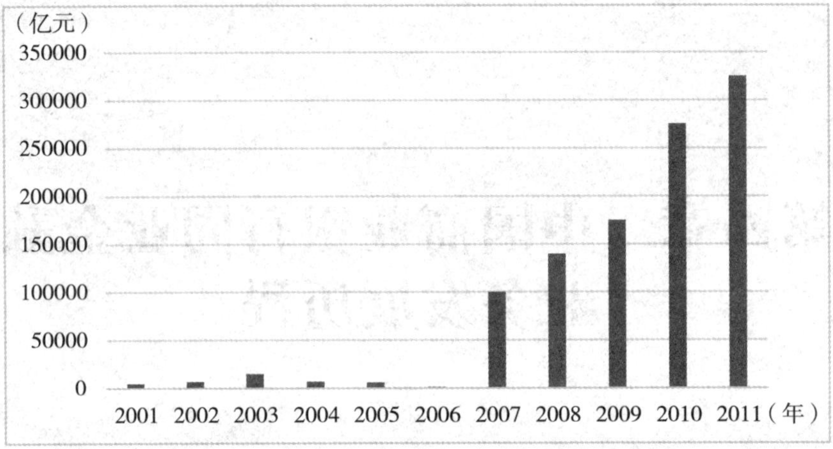

图 4-1　2001—2011 年全国银行间市场拆借发生额（亿元）

在第三阶段（2009—2013 年）中，中国的银行业经历了非标资产的快速发展期。由于刺激政策引发的经济扩张，银行的资产规模迅速膨胀，导致了资本充足率的压力加剧。银行为了优化资本使用和规避信贷政策的限制，创新性地将信贷资产包装转化为同业资产，典型的操作模式是“三方买入返售”。这种模式实质上是将原本应计入贷款的资产转移至同业科目，既避免了更严格的信贷政策约束，也规避了某些监管指标，同时提高了利润水平。由此引发的非标业务如跨监管的多方买返、存单质押受益权业务及同业存单委托投资等，快速增长。这些业务的快速发展使资产负债管理的错配问题日益严重，导致非标业务规模井喷式增长。商业银行为了追逐更高的利润和降低运营成本，加大了对同业业务的重视和资源投入，使同业业务规模扩展到前所未有的程度，显著提升了银行业务的复杂性和系统性风险。

第四阶段（2014—2016 年）是中国银行业同业投资模式快速演进的时期。中国银行业面临的流动性风险管理和同业金融业务监管环境变得严峻。监管机构对同业金融业务的监管策略发生根本转变，各家银行根据监管要求和市场环境对自身的同业业务策略和风险治理进行了彻底的改革和优化。同业金融业务经历了由粗放式发展向规范化调整的转变，其间出台了一系列规范性监管文件，特别是在银监127号文发布后，非标同业金融业务受到了严格限制，而形式多样的同业投资业务开始快速发展。在此期间，同业金融业务的结构发生显著变化。数据分析显示，从2013年末到2016年末，134家银行样本中传统同业资产（存放同业及其他金融机构款项、拆出资金和买入返售金融资产）的平均占比从16.5%快速下降至8.1%，下降了8.4个百分点。与此应收款项类投资（应收款项类投资、债券）的占比从6.8%快速增加到2016年末的15.8%，上升了9.0个百分点。

第五阶段（2017年至今），在强监管的政策背景下，中国银行业的同业金融业务开始显著转变，重点从过去的盈利驱动回归至服务实体经济的本质功能。2016年12月，中央经济工作会议将防控金融风险提升至国家战略层面，强调了金融服务实体经济的重要性，并明确提出下决心处理一系列金融风险点。随后，中国人民银行及其他金融监管部门进一步出台了一系列旨在强化金融监管的政策文件，其中资管新规是最重要的一项规定，这些政策显著影响了银行的同业金融业务乃至整个国内资本市场的操作和策略。

这些监管措施的实施效果在统计数据中得到了清晰的体现。从2016年年底到2019年第一季度末，其他存款性公司的同业负债占负债总额的比例平均下降了5.0个百分点。具体来看，中资大型银行、中型银行及小型银行的同业负债比例分别下降了2.5个、8.8个及6.9个百分点。2017年内，股份制银行的同业资产占比大幅下降，至年末已低于2010年年末的水平，城市商业银行和农村商业银行的同业资产占比也从2018年年末缩减至2010年以前的水平。对于商业银行而言，负债业务是其筹集资金的根本来源，银行会根据负债端的期限、成本等来配置对应的资产，故分析商业银行的负债结构是理解自营配债的基础。从以商业银行为主的其他存款性公司负债结构看，负债以对非金融企业和居民负债为主，2023年年末对非金融企业和居民负债占总负债比例为61.9%，居民和企业存款仍是负债的主体。债券发行项的占比趋于提升，2023年年末占总负债的比例达10.2%；对商业银行债权反映了央行基础货币投放的变化，对其他存款性公司和金融机构负债的占比与同业监管的松紧变化同步，经历了从扩张到收缩的过程。这些变化标志着银行业在监管的压力和政策导向下，正在调整其业务结构，从而更好地聚焦于支持实体经济，减少金融市场的投机性操作，确保银行业的健康稳定发展。

第二节　政策环境对同业金融业务的影响分析

一、国内外货币政策有效性的相关研究

（一）货币政策与货币政策的有效性的相关研究

在中国货币政策研究领域，刘金全和张龙通过深入梳理和比较分析历年的货币政策，发现货币政策通常可以被分类为“积极”、“从紧”和“稳健”三种状态[①]。尽管货币政策旨在通过多重目标的调控来实现经济稳定，但在实际操作中往往面临诸多挑战，如在对外部冲击进行适时调控时，政策的效果往往因为实施的滞后而出现错位，这种错位可能导致政策效果与预期目标之间的偏离。货币政策在应对快速变化的经济环境时，需要更为灵活和及时的调整，以减少这种时滞带来的不利影响。

周英章和蒋振声的研究从货币政策的传导机制进行探讨，他们认为货币政策的实施效果主要通过信用渠道和货币渠道两种方式影响经济目

① 刘金全，张龙．新中国70年财政货币政策协调范式：总结与展望[J]．财贸经济，2019，40（9）：35-50.

标[①]。在他们的分析中，信用渠道起到了更加核心的作用。这是因为信用渠道直接关联银行贷款行为，影响着企业投资和消费者消费，进而影响整体经济活动。理解信用渠道的运作机制对于评估货币政策的实际效果至关重要。通过精确地识别和分析信用渠道的作用，政策制定者可以更有效地设计和调整货币政策，以实现预定的宏观经济目标。李斌以及李素梅和张晓东的研究进一步深化了对货币政策有效性的认识。李斌提出，货币政策的有效性主要取决于政策实施的效果，这种效果带来的变化与货币政策工具的应用广度、深度以及相关操作的时滞长短密切相关[②]。李素梅和张晓东指出，货币政策的有效性不仅受到经济体制和经济周期的影响，而且与宏观经济环境以及货币政策的传导渠道密切相关[③]。不同的经济环境和政策传导渠道的特性要求政策制定者在设计和实施货币政策时必须考虑到这些因素，以确保政策能够达到预期的调控效果。这些研究为人们提供了更加深入的视角，理解货币政策在不同经济条件下的适应性和效果，为货币政策的优化提供了理论依据。

在近年的货币政策研究中，学者们对于货币政策的非对称性特征进行了深入探讨，通过构建 PCHVAR 模型对这一现象进行了实证分析。研究结果显示，在实施相同的货币政策时，中国的不同地区对这些政策的响应存在显著差异[④]。这些差异不仅体现在反应的水平上，还体现在反应的时间上。研究进一步指出，这种区域性的非对称反应与各地区的贸易开放度有着正向关系。这意味着更开放的经济体对货币政策的反应更为敏感和迅速。他们的研究还揭示了地区经济结构和金融市场发展程度的

---

① 周英章，蒋振声．货币渠道、信用渠道与货币政策有效性：中国 1993—2001 年的实证分析和政策含义 [J]. 金融研究，2002（9）：34-43.

② 李斌．中国货币政策有效性的实证研究 [J]. 金融研究，2001（7）：10-17.

③ 李素梅，张晓东．试论中国货币政策的有效性 [J]. 现代财经（天津财经学院学报），2000（6）：20-23.

④ 崔百胜，高崧耀，胡春燕．中国货币政策信贷传导的非对称与时变效应研究：基于 PCHVAR 模型 [J]. 管理评论，2020，32（3）：37-49.

不均衡，对货币政策传导效果的影响，为政策制定者提供了重要的区域调控视角。

通过构建两区制阈值的 VECM 模型，探讨货币政策在不同经济环境下的非对称性影响。结果表明，货币政策对市场利率的影响具有明显的非对称性[①]。在经济扩张期，货币政策对市场利率的影响较为明显，而在经济衰退期，这种影响则相对较弱。这种发现提示政策制定者在实施货币政策时需要考虑经济周期的阶段，以及可能的市场反应，从而更精确地调节经济活动。这些研究的累积发现不仅丰富了人们对货币政策非对称性的认识，也为实际的政策实施提供了更为复杂的理论支持。货币政策的非对称性表明，政策的设计和实施不能一概而论，而应该基于具体的经济环境、地区特性及其经济周期进行精细化管理。通过这样的方式，可以提高货币政策的整体有效性，减少不必要的经济波动，促进经济的稳定增长。对于未来的政策制定，这意味着必须加强对不同区域经济特性的研究和理解，以及在政策制定时更多地考虑到经济周期的具体阶段等问题。这种策略性的调整是提高货币政策效果的关键。

（二）影响货币政策有效性的渠道

在探索货币政策有效性的研究中，了解货币政策的传导渠道是至关重要的。胡姗姗的研究表明，信用、直接传导和利率是构成货币政策核心传导机制的主要元素[②]。信用渠道主要通过影响银行信贷的供给和需求来调节经济活动，例如，中央银行的政策利率变动直接影响银行的借贷成本及其贷款行为，进而影响企业的投资和家庭的消费决策。直接传导机制则涉及中央银行对金融市场的直接操作，如通过公开市场操作直接影响市场的流动性状况。利率传导机制则是通过调整政策利率来影响整

① 苏小松，张楚雯．货币政策的互联网金融市场利率效应研究：基于阈值向量误差修正模型的实证分析 [J]. 经济问题，2018（10）：41-46.

② 胡姗姗．金融制度与货币政策传导机制分析 [J]. 现代商业，2019（35）：154-155.

体经济中的利率水平，从而影响人们的储蓄和投资行为。这些渠道在实现货币政策目标中的作用，表现在这些传导机制的有效运作是实现宏观经济稳定的关键。

价格和金融市场是货币政策传导的重要部分。价格渠道主要通过影响通货膨胀预期来调节经济。例如，中央银行可能通过货币政策来影响商品和服务的价格，从而间接调控经济活动。金融市场渠道则包括了股市、债市等，中央银行的政策变动可以通过影响这些市场的预期和行为，从而影响到实体经济的投资和消费水平。这些传导渠道的有效性不仅取决于政策工具的选择和使用，也受到经济环境和市场参与者行为的影响。

金融市场的多元化发展应得到鼓励，充分发挥各市场之间的竞争替代效应，增强利率定价弹性，同时提高债券等直接融资在社会融资规模中的比重，提升债券市场利率作为“中期利率”的传导作用。政策利率对银行间货币市场利率传导较为通畅，我国通过货币政策实施，能够较好地通过利率渠道传导至实体经济，支持经济高质量发展[①]。

在货币政策的研究中，利率传导渠道的有效性被广泛关注。方显仓通过对利率的分析，揭示了金融创新对货币政策的影响。他发现，金融市场的创新，如衍生金融工具的广泛使用和投资渠道的多样化，使实际投资对利率变化的敏感度降低。这种现象导致货币政策通过利率和信用传播渠道的影响力受阻，从而降低了货币政策的整体有效性。金融创新虽然增加了市场的灵活性和风险分散机会，但也复杂化了货币政策的传导机制，使传统的政策工具，如调整基准利率，其直接影响力减弱，进而需要政策制定者寻找新的策略来适应这种变化。何德旭和冯明的研究表明，促进金融市场的发展和货币政策目标的多样化，关键在于利率渠道的疏通。为了有效地传递货币政策的意图，需要确保利率渠道能够无阻碍地影响到银行贷款利率和市场利率。这需要金融市场保持足够的透

① 胡继成，许航瑞，石浩宇．货币政策利率传导机制有效性研究：基于利率市场化背景[J]．金融理论探索，2024（2）：63-70.

明度和流动性，以及监管政策的支持，以防止市场失灵。宏观审慎政策有其重要性，其在维护金融稳定和增强货币政策效果中起辅助作用。通过构建 VAR 模型可知，金融创新如何通过影响利率来降低货币政策的执行效果。金融创新的推进，特别是新兴金融产品和服务的引入，使市场对利率变化的反应也在变得更为复杂。这不仅改变了货币政策传统利率渠道的效果，还增加了中央银行在政策实施时的不确定性。胡云飞认为，为了提高货币政策的有效性，必须深入理解并适当监管现有金融创新活动，确保货币政策的传递机制不被新兴金融行为所削弱[①]。这些研究共同强调了在快速变化的金融环境中，货币政策传导机制的适应性和灵活性的重要性。申立敬、史燕平和李连梦认为，虽然从货币供应量到贷款余额的传导途径是有效的，但从贷款余额到合同余额的途径却不能有效传导[②]。这说明在货币政策的具体执行中，存在某些渠道的阻塞，这些阻塞降低了整体政策的效果。这种现象可能与金融市场的结构性问题、监管环境以及金融机构的操作实践有关。为了提高货币政策的整体效果，需要对这些传导阻碍进行识别和改进，通过优化金融市场结构和提升金融机构的运作效率，以确保货币政策能够在各个环节顺畅执行。

在研究货币政策的有效性时，不确定性的因素也非常关键。熊海芳和刘天铭采用排序 Logit 回归分析、基于 STAR 模型的渐进性分析和基于 TVAR 模型的突变分析等方法，研究了不确定性对货币政策的影响。他们的研究表明，在不确定性较大的情况下，货币政策更加注重经济增长的稳定性[③]。这种策略的选择反映了中央银行在面对外部冲击和市场波动时的谨慎态度，旨在通过稳定的货币政策来缓解不确定性的负面影响，

---

① 胡云飞．金融创新对货币政策利率传导影响的实证研究 [J]. 武汉金融，2012（3）：21-22.

② 申立敬，史燕平，李连梦．货币政策通过融资租赁传导的有效性研究 [J]. 管理现代化，2019，39（5）：21-23.

③ 熊海芳，刘天铭．不确定性、宏观经济波动与货币政策效果 [J]. 财经问题研究，2020（2）：47-55.

维护经济的平稳增长。

二、银行同业业务对货币政策有效性影响的相关研究

（一）银行同业业务对货币政策有效性的影响

在当前金融环境中，银行同业业务的发展显著影响了货币政策的有效性。郭晔、程玉伟和黄振的研究指出，由于同业业务的快速发展，传统商业银行的资产负债结构发生了显著变化①。这种变化直接影响了货币政策的传递机制，尤其是在商业银行利用同业业务进行流动性管理时。同业业务允许商业银行通过拆借等方式在银行间市场调节短期资金，这虽然增强了银行系统的流动性弹性，但也可能导致中央银行的货币政策调控更为复杂。由于同业市场的流动性可以在一定程度上替代中央银行提供的流动性，商业银行对中央银行政策的依赖度降低，这可能削弱货币政策的预期效果，尤其是在紧缩货币政策环境下。

章向东和姚斌进一步分析了银行同业业务对货币政策影响的具体表现。他们认为，同业业务的扩张会在一定程度上扰动包括M2在内的一些关键货币政策指标②。由于同业存款通常不计入M2统计，但实际上却扩大了银行系统内部的资金流通和信贷创造能力，这导致了M2数据可能无法完全反映市场的真实流动性状况。同业业务增加了市场资金流动的复杂性和不可预测性，加剧了存款市场的波动。这些因素合起来可能干扰货币政策的有效性，使政策制定者难以准确评估和预测货币政策的市场反应，从而影响政策的调整和实施。吴燕生、张景智和胡逸闻在他们的研究中探讨了同业业务规模增大对货币政策的差异化影响。他们发

① 郭晔，程玉伟，黄振．货币政策、同业业务与银行流动性创造[J].金融研究，2018(5)：65-81.

② 章向东，姚斌．商业银行同业业务风险与顺周期性研究[J].金融论坛，2014,19(4)：65-71.

现，同业业务的扩展不仅对紧缩政策的执行产生影响，还可能在宽松货币政策期间扩大政策的效果[①]。在宽松政策环境下，同业市场的活跃可以帮助银行更有效地管理其资金，增强信贷供应能力，从而更好地响应中央银行的政策意图。这表明，同业业务在不同货币政策环境下可能起到不同的作用，对政策效果的影响是复杂和多维的。王轶昕和程索奥的研究集中在银行同业业务对货币政策传导机制的影响上，他们提出同业业务的发展可能会降低货币政策的有效性[②]。这是因为同业业务使得银行能够在监管框架外寻找资金来源和投资渠道，从而绕过中央银行的货币控制和利率调节。同业市场的流动性支持了银行间的资金流动，但也使中央银行难以通过传统的货币政策工具，如存款准备金率或基准利率，来有效控制市场的总体流动性。由于同业市场的资金流动较少，受到传统银行监管的约束较少，这种自由化的金融环境可能导致货币政策的传导效果被削弱，特别是在紧缩货币政策环境下。肖崎和阮健浓指出，银行同业业务的自由度较高，不完全受到现有金融监管的约束，这对货币政策的工具产生了影响[③]。银行能通过同业市场活动来调整自身的资金结构和流动性状态，这在一定程度上减少了中央银行通过政策工具直接影响银行行为的能力。即使中央银行调整了政策利率或进行市场操作，其预期的政策效果也可能因为同业市场的存在而受到影响。这种情况在市场动荡期更为明显，因为银行可能更倾向于通过同业市场来优化自己的风险管理和资金配置，从而绕过更为严格的监管要求。

在扩张性货币政策下，商业银行的同业业务可以放大投资和消费的乘数效应，从而影响货币政策的实施效果，因此要加强对银行同业业务

① 中国人民银行惠州市中心支行课题组，吴燕生，张景智，等.商业银行同业业务对货币政策传导的非对称影响[J].上海金融，2016（11）：12-18.

② 王轶昕，程索奥.监管约束下商业银行同业业务转型发展的理性分析与现实选择[J].商业研究，2016（4）：83-89，111.

③ 肖崎，阮健浓.我国银行同业业务发展对货币政策和金融稳定的影响[J].国际金融研究，2014（3）：65-73.

的监管。中央银行需要在金融创新不断加速的今天，加强对货币政策有效性的控制。这一点尤为重要，因为在全球金融环境日益开放和复杂的今天，传统的货币政策工具可能需要适应新的市场现实和挑战。

（二）银行同业业务影响货币政策有效性的路径

同业业务的快速发展，有利于提高银行间的资金流动性，从而使银行能够在较短时间内调整其资产和负债结构，这种灵活性虽然提高了银行系统的效率，但也增加了银行风险承担的渠道和复杂度。这种变化改变了货币政策的传统传导路径，尤其是在利率和信贷政策方面。具体来说，同业业务的扩展使银行减少依赖中央银行的直接融资，更多地通过市场进行资金融通，这导致中央银行通过控制基准利率来调控经济的能力下降。为了应对这一挑战，需要对现有的货币政策框架和工具进行调整，以确保政策的有效传递。李伏安认为，金融创新改变了货币政策中介指标（如货币供应量和信贷总量）和操作指标（如利率和准备金率）的效用[①]。当前，金融市场的发展和复杂性增加，传统的货币政策工具可能不再足以全面影响经济活动。例如，商业银行通过同业业务增强其资金来源和使用的灵活性，可以绕过中央银行的部分监管措施，导致政策工具的直接影响被削弱。货币政策制定者需要更新他们对金融市场运作的理解，并调整政策工具以适应金融创新带来的变化。邵汉华和杨俊指出，商业银行的同业业务导致信用过度扩张，这种扩张常常在监管指标之外进行，导致传统的监管指标失真[②]。同业业务作为一种金融创新，其对货币政策各个传导机制的影响需要被更广泛地识别和监控。陈涤非和王海慧建议，货币政策的统计口径应当拓宽，包括更多金融创新活动的

---

① 李伏安．中国金融衍生品的发展与监管[J]. 中国外汇，2006（5）：12-13.

② 邵汉华，杨俊，廖尝君．商业银行同业业务扩张与货币政策传导：基于银行信贷渠道的实证检验[J]. 金融经济学研究，2015，30（2）：15-25.

监测，以确保货币政策调控的实际效果能够符合预期目标[①]。施勇的研究通过应用线性单方程 GMM 估计方法对 21 家 A 股上市银行的数据进行分析，揭示了银行同业业务对货币政策有效性的影响[②]。同业业务的扩展会增大货币乘数，即增加银行系统内部通过存款和贷款等形式创造信用的能力。这种增强的信用创造能力实际上放大了货币供应，因而削弱了中央银行通过数量型货币政策调控经济的能力。具体来说，随着同业业务的增加，银行能够更灵活地管理其资金，通过市场而非传统存贷款活动来扩展信用，从而绕过中央银行设定的货币供应限制。这种机制的变化不仅影响了货币政策的直接传导效果，而且在宏观经济调控中引入了新的不确定性，因为它使货币政策的预测和管理变得更加复杂。唐小锋、许余洁和刘维泉的研究进一步扩展了对货币政策影响因素的分析，特别是从社会融资规模和宏观经济变量的角度考察了商业银行表外业务的影响。他们指出，社会融资规模作为一个广义的信用指标，反映了市场上除传统银行贷款之外的融资活动，如通过债券、股票和其他非银行渠道的融资[③]。商业银行通过表外业务扩大了社会融资的规模，这直接影响了货币政策的传导路径和效果。具体而言，当银行通过表外业务增加融资渠道时，传统的货币政策工具，如调整利率和存款准备金率的影响被相对削弱，因为这些工具主要影响银行的表内业务。为了维持货币政策的有效性，需要对货币政策的设计和实施进行调整，考虑到宏观经济变量和社会融资规模的实际变化，以及这些变化对经济总体的影响。

---

① 陈涤非，王海慧，戴国海，王宗林．银行机构金融产品创新对货币政策的影响：以江苏为例 [J]. 金融发展评论，2014（7）：49–68.

② 施勇．银行同业业务风险传导及对货币政策有效性的影响研究：基于 21 家上市银行的实证分析 [J]. 新金融，2020（7）：24–30.

③ 唐小锋，许余洁，刘维泉．商业银行表外业务对货币政策有效性的影响 [J]. 中国物价，2015（12）：10–13.

第三节　当前中国同业金融业务的市场特点

一、金融工作回归本源，服从服务于经济社会发展

2023 年 10 月召开的中央金融工作会议强调，要“深刻把握金融工作的政治性、人民性”“坚定不移走中国特色金融发展之路”。商业银行作为金融系统的重要组成部分，更应积极践行金融工作的政治性、人民性。

2024 年 1 月，习近平总书记在省部级主要领导干部推动金融高质量发展专题研讨班开班式上用“六个强大”，为金融强国的关键核心金融要素“精准画像”——拥有强大的货币、强大的中央银行、强大的金融机构、强大的国际金融中心、强大的金融监管、强大的金融人才队伍。商业银行同业业务由于业务的特殊性，与上述六个方面有着高度相关，尤其在完善货币市场、打造国际金融中心、强大金融机构自身及建设金融人才队伍等方面可有效助力。

二、强监管重处罚成为常态

巴塞尔Ⅲ协议过渡期的结束，全球银行业面临更为严格的资本约束，这一变化迫使银行加强资本管理以符合更高的监管标准。在此背景下，中国人民银行进一步丰富和优化货币政策工具，以应对可能的市场波动，同时提高宏观审慎政策的实施效果。国务院金融稳定发展委员会增强了对金融系统的监管力度，特别是在专业性、统一性和穿透性方面，力求覆盖金融体系中的潜在风险点。

2008 年以来，国内金融监管部门不断加强商业银行同业业务管理，其中在“银信合作”方面发布了《银行与信托公司业务合作指引》（银监发〔2008〕83 号）、《中国银监会关于进一步规范银信合作有关事项的通知》（银监发〔2009〕111 号）、《中国银监会关于规范银信理财合作业务有关事项的通知》（银监发〔2010〕72 号）、《中国银监会关于进一

步规范银信理财合作业务的通知》(银监发〔2011〕7号)、《中国银监会办公厅关于规范银信理财合作业务转表范围及方式的通知》(银监办发〔2011〕148号)、《关于规范银信类业务的通知》(银监发〔2017〕55号)等多个文件。《关于规范金融机构同业业务的通知》(银发〔2014〕127号)及《关于规范商业银行同业业务治理的通知》(银监办发〔2014〕140号)的发布更是标志着同业业务综合监管时代的到来，两份文件规范了同业表外业务、消除了监管套利，自此三方买入返售退出历史舞台。2017年开始，监管部门对同业业务“脱虚向实”提出了明确要求，出台了一系列涉及同业业务的监管文件，如《关于开展银行业“违法、违规、违章”行为专项治理工作的通知》《关于开展银行业“监管套利、空转套利、关联套利”专项治理工作的通知》和《关于开展银行业“不当创新、不当交易、不当激励、不当收费”专项治理工作的通知》，主要涉及非标资产嵌套问题整改。

为落实监管政策，监管部门同时不断加强检查及处罚问责力度。监管机构不仅强化了对金融机构的监管，也加强了对金融市场功能的监控，尤其是加强了行为监管和监管协调，整顿了结构复杂、嵌套层次多的交叉性金融业务。监管当局还着力规范互联网金融的发展，并严厉打击监管套利行为。这一系列措施旨在为持牌金融机构创造一个更加规范和健康的市场环境。商业银行必须遵循市场变革趋势，严格执行监管要求，确保在新的监管框架下稳健运营，避免逆流而动带来的风险和损失。

三、同业金融业务规模增长逐年趋缓

同业金融业务作为中国银行业资产负债表中的一个重要组成部分，长期是银行之间资金流动的主要渠道。这些业务通常包括存放同业及其他金融机构款项、拆出资金以及买入返售金融资产，它们在中国人民银行发布的《其他存款性公司资产负债表》中被归纳为“对其他存款性公司债权”和“对其他金融机构债权”。通过这两项数据的总和，可以精确衡量商业银行的传统同业金融业务规模。2006 年至 2024 年 5 月同业资产变化情况如图 4-2 所示。

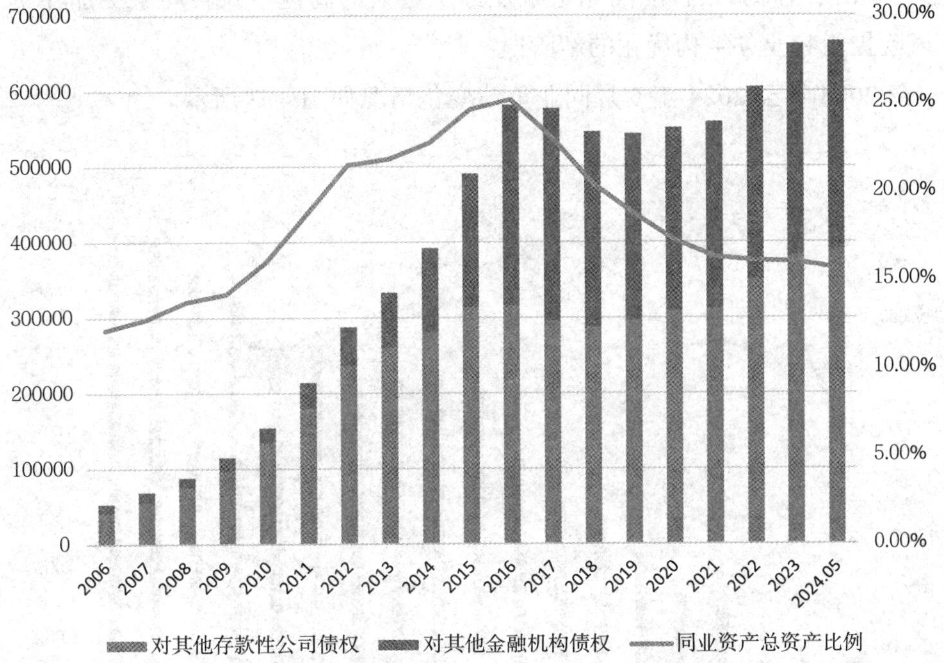

图 4-2　2006 年至 2024 年 5 月同业资产变化情况（亿元）

2006 年至 2024 年 5 月的统计数据显示，同业资产规模经历了显著的变化。尤其是在 2010 年之后，同业资产的增长速度明显加快，从 2006 年年底的 5.36 万亿元迅速上升至 2024 年 5 月的 66.53 万亿元，增长了 12 倍左右。这一增长趋势在 2007 年至 2012 年间尤为突出，年均增速达到了 32.89%，标志着同业金融业务的迅猛扩张期。进入 2014 年后，银监会发布的 127 号文件和 140 号文件，加强了对同业业务的监管和规范，这一时期同业资产增长出现了短暂的回落，但随后又出现反弹。特别是在 2016 年和 2017 年，同业资产的总规模达到了约 60 万亿元的峰值。这种高速增长的态势与监管的政策意图存在背离。2016 年 12 月，中央经济工作会议明确提出将金融风险防控置于更为重要的位置，并下决心处理一系列风险点。在这一政策引导下，同业资产的规模开始被有序压缩，从近 60 万亿元的高点逐步下降至 2019 年年末的 54.3 万亿元。这一变化标志着我国商业银行的同业金融业务从过去的高速增长转向了更加注重风险控制和业务结构优化的新阶段。

2006 年至 2024 年 5 月同业负债变化情况如图 4–3 所示。

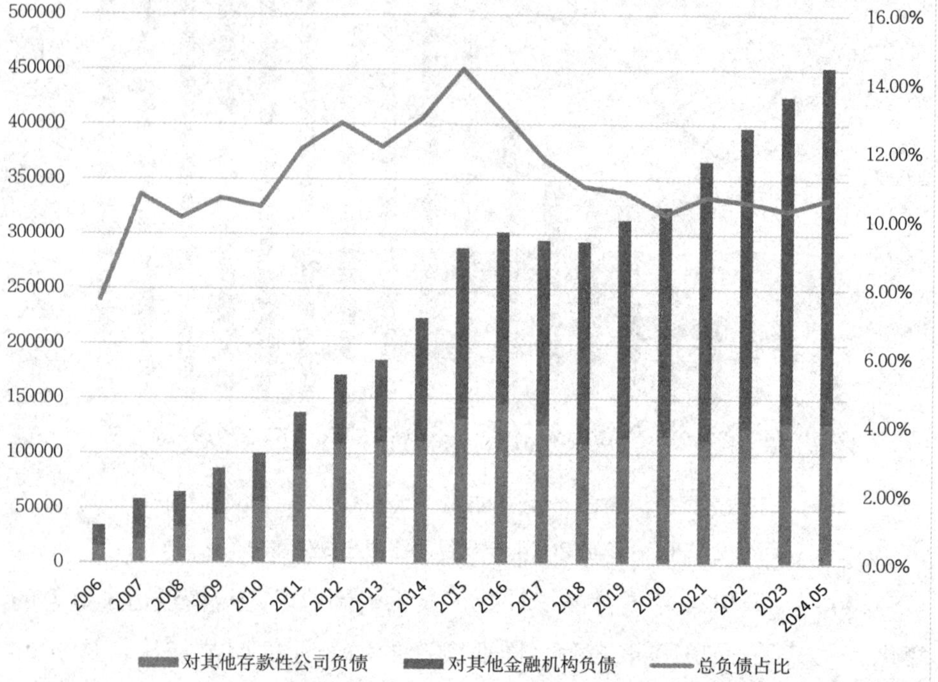

图 4–3　2006 年至 2024 年 5 月同业负债变化情况（亿元）

同业负债在中国商业银行财务结构中占据重要地位，资产和负债这一硬币的两面，彼此不可分割且相辅相成。从图 4–3 的数据分析可见，2010 年标志着同业负债进入快速增长阶段，这一趋势持续至 2016 年达到峰值。在此期间，同业负债的扩张与银行间市场资金需求增加紧密相关，尤其是在流动性宽松的市场环境下。2016 年以后，监管部门对金融市场去杠杆的政策推进，使商业银行开始调整负债结构，同业负债规模逐年减少。特别是在 2017 年和 2018 年，同业负债的整体规模持续下降，显示出银行对资金来源的审慎管理和对风险控制的重视。2015年，同业负债在总负债中的占比达到顶峰，与同一年同业资产规模达到峰值的情况相匹配。这一点反映出当时市场对银行间资金的高需求和活跃交易状态。随后，这一比例持续下降，至2018年进入一个相对稳定的状态。数据显示，截至2018年年底，商业银行的同业负债规模为293226.46亿元，比2016年同期下降了3个百分点，显著反映出市场和监管导向下银行负债管理的策略调整。这一阶段的调整为银行系统的稳健性提供了保障，使同业负债的规模与市场的波动及监管要求相适应。截至2024年5月，商业银行的同业负债规模为452397.61亿元，比2019年同期上涨了44个百分点，主要是大行通过吸收同业存款做大规模导致。

当前中国同业金融业务市场呈现出明显的发展和变化特征。同业市场作为银行间的资金交易场所，主要涉及同业拆借、同业存单以及债券市场等多种金融活动，是商业银行调整流动性、管理资本和风险的重要手段。近年来，随着金融市场的深化和监管政策的持续调整，同业市场的结构和功能发生了显著变化。特别是监管机构对同业金融业务的监控和规范有所增强，旨在缓解潜在的系统性风险，促进市场的健康发展。这些变化不仅影响了银行资金的流动性和成本，也对整个金融系统的稳定性和效率产生了深远影响。了解和把握中国同业金融业务的市场特点，对于银行及其他金融机构制定有效的资金管理和风险控制策略具有重要意义。

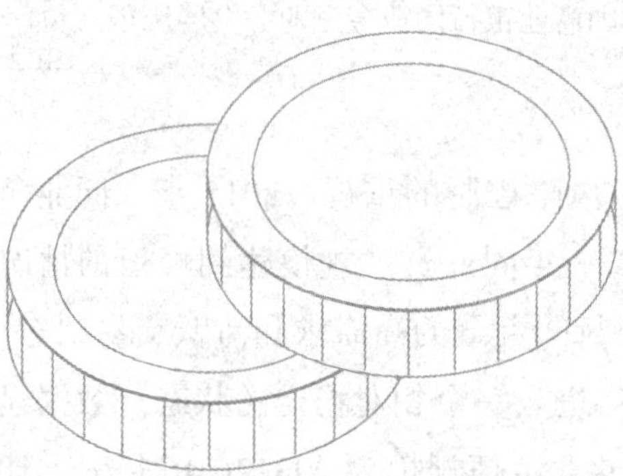

第五章　商业银行同业金融业务风险分析

第一节　市场风险分析

一、因信息不对称带来的风险

在当前金融市场中，同业借款业务的动态涉及多个金融机构层级，尤其是商业银行和非银行金融机构之间的交互。这种业务模型可以被描述为一个从商业银行到非银行金融机构，再到终端借款主体的流转路径。这一路径中的信息不对称较为突出，这一点在商业银行与非银行金融机构之间的互动中十分明显。由于贷款风险与利差间距通常呈正相关关系，非银行金融机构的贷款行为可能导致风险的上升。

尽管商业银行与非银行金融机构在合作中可能已经明确约定了资金的使用范围，但非银行金融机构在资金使用上的自由度依然可能引发风险。例如，在约定资金仅用于日常消费信贷的情况下，非银行金融机构可能在追求更高利差的冲动驱使下，选择向风险较高的消费主体集中贷款。这种决策不仅提高了违约风险，也增加了资金回笼的困难，从而对整个同业金融业务带来潜在的负面影响。由于商业银行可能并不完全了解非银行金融机构的内部决策过程和贷款标准，这种信息不对称加剧了商业银行在监控和管理同业借款中的挑战。

商业银行在开展同业借款业务时需要采取更加严谨的风险管理策略。增强对非银行金融机构的尽职调查是关键，这包括对其财务状况、信贷政策、历史贷款行为及其市场声誉的全面评估。商业银行应通过合同约束加强对借款用途的监控，如通过设定更加严格的合同条款，限定资金使用的具体场景和条件，并对违约行为设定明确的法律后果。实施动态监控机制，定期评估贷款资金的使用状况和风险暴露水平，可以有效地预防和减轻潜在风险。通过这些措施，商业银行不仅可以保护自身免受潜在风险的侵害，也能促进整个金融市场的稳定和健康发展。

二、因资金监管困难带来的风险

在同业金融业务中，资金监管的难点涵盖了从商业银行到非银行金融机构，以及从非银行金融机构到终端借款主体的两个关键环节。商业银行一旦根据合同将资金借给非银行金融机构，就面临着对资金流向和使用的监控难题。这种监管难度不仅源于合约规定的行为边界，也与资金一旦流出，其使用和流向将难以被实时跟踪监控有关。这种情形在同业借款中尤为明显，资金的最终用途可能会与初衷相悖，因为非银行金融机构在资金管理上可能存在的风险偏好和操作自由度。对于第二个环节，即资金从非银行金融机构流向终端借款主体，监管的难度更加突出。非银行金融机构的非理性冲动可能导致它们在风险评估和资金流向跟踪上的疏忽，限制了其监控终端借款主体经济行为的意愿和能力。终端借款主体的资金使用行为大多受其主观意愿驱动，这种内隐性信息往往不为贷款的非银行金融机构所完全掌握。即使在资金用途被严格约定的情况下，实际使用情况可能仍旧难以被准确监控和评估。这种信息不对称和监管盲区，使非银行金融机构在面临实际的还本付息压力时，可能采取同业拆借或再借款等短期措施应对，从而延缓风险的显现。这只是暂时的缓解，一旦这些风险因素累积到一定程度，可能会导致资金链的断裂，最终对商业银行和整个金融系统造成严重甚至不可逆的损害。这种风险的积累和爆发，不仅危及单个金融机构的安全，也可能触发更广泛的市场动荡。监管机构必须加强对同业业务全链条的监控和管理，确保资金流向的透明性和合规性，从而有效预防和减轻潜在的系统性风险。

三、因市场不确定性带来的风险

中国金融市场的调控机制历来由两个主要部分构成：政府调控以及市场自我调节。政府调控，通常被比喻为“看得见的手”，在市场中扮演着关键的指导和调控角色，主要通过中央银行的多种货币政策工具实施，如公开市场操作、再贷款和再贴现等。这些工具使政府能够在必要时刻直接介入金融市场，调节货币供应量，稳定金融系统，保证金融市场的基本稳健运作。

市场自身调节机制，即“看不见的手”，在金融市场中的作用逐渐显现并增强。市场自主调节通过利率的自然波动来调整市场的供求关系，反映出金融资产的真实价格，引导资源的合理分配。随着我国金融市场开放程度的提高，市场力量在金融产品价格形成中的决定性作用日益增强。市场化的利率调节不仅提高了金融市场的响应速度和效率，而且有助于更好地融入全球金融体系，响应国际经济金融环境的变化。

为了发挥“看得见的手”与“看不见的手”各自的优势，我国近年来积极推动利率市场化改革。这一改革旨在减少政府对利率的直接控制，使利率更多地由市场供求关系确定，从而增强金融市场的自我调节能力。我国逐步认识到让市场在金融资源配置中起决定性作用，是提高金融服务实体经济效率的关键。市场化的利率不仅能更灵活地反映经济变化，还能有效地管理和缓解市场流动性，为经济的健康和持续发展提供更加稳固的金融支持。通过这些措施，中国金融市场的调控机制正逐步朝更加成熟和效率高的方向发展。

在银行间市场上，资金的供求关系直接影响着资金利率的波动。具体而言，当市场资金供大于求时，流动性较为宽松，这导致资金利率降低；相反，当市场资金供应不足以满足需求时，流动性紧张，资金利率便会相应上升。这种利率变动不仅限于资金市场，它的影响也会扩散到债券市场、股票市场以及外汇市场，使整个金融体系的价格波动变得更为剧烈。例如，市场上的资金成本上升可能导致企业融资成本增加，进而影响公司的投资决策和财务状况，这种情况下，债券市场和股票市场的表现通常会受到负面影响。资金利率的稳定性对于维持金融市场的整体稳定至关重要。

银行同业金融业务的批发性质使其交易规模往往较大，从而其所涉及的风险也显著增加。在同业金融业务中，银行间资金的拆借、证券的买卖和衍生品的交易等都可能涉及巨额资金。这些资金的流动和配置，如果管理不善，一旦出现问题，不仅会影响到直接参与的金融机构，还可能对整个金融系统造成连锁反应。例如，一家银行因为流动性管理不当而发生信用事件，这种情况可能迅速扩散至其他银行，特别是在高度相互依赖的同业市场中。这种从一个单一的金融事件扩展到广泛的市场影响的过程，是金融监管中极力避免的情况。由于银行同业金融业务的涉及范围广泛，其对各个金融市场的相互影响特别显著。例如，银行间市场的不稳定可能会迅速影响到股票和债券市场，形成“股债双杀”的局面，即股票市场和债券市场同时出现价格下跌。这种市场现象往往是由于市场参与者对未来的经济前景持悲观态度，或者对金融市场的流动性状况感到担忧所致。在进行金融创新和推动金融发展时，监管机构需要对同业金融业务进行严格的监管和审慎的评估，以防止金融市场因同业金融业务而产生的系统性风险，确保金融市场的健康稳定发展。

（一）同业拆借

为了确保资金分配的有效性并充分利用资金，推动中国同业拆借市场的交易主体进一步多元化成为必要趋势。同业拆借市场已经涵盖了多种金融机构，包括政策性银行、商业银行、保险公司、证券公司、基金管理公司、金融公司以及农村信用合作社等。随着市场的逐步扩大，交易的数量和范围的增加可以显著提高银行间交易的效率和频率，从而增加交易利润。然而，交易主体的扩大和业务的多样化也带来了道德和信用风险的增加，这要求市场参与者在追求利润最大化的同时注意风险控制。在操作层面，放宽同业拆借外币币种的限制并建立中国同业拆借市场的经纪制度是推动市场发展的关键措施。目前，同业拆借市场的交易货币种类较少，流动性相对较差。为改善这一状况，可以考虑放宽对同业拆借外币贷款的限制，允许金融机构间展开更多种类的金融衍生品交易，如外汇期货、期权、外汇掉期交易等，这将促进市场的流动性和多样性。此外，建立一个适当的经纪制度，发展一支专业、受过良好教育的经纪人队伍，加强经纪市场的法律结构，使其更加规范化和专业化，是提升市场效率的重要步骤。

同业拆借作为中央银行货币政策的重要传递渠道，在实现国家货币政策目标方面发挥着不可替代的作用。完善我国同业拆借市场的法律法规显得尤为重要。必须完善法律、规章和管理措施，以适应市场在交易主体、交易货币、交易金额方面的新变化和发展，保护同业拆借和贸易的稳定与安全，确保金融市场的整体稳定性，从而支持国家经济的持续健康发展。在这一过程中，法律与监管的同步更新是保障市场平稳运作的关键。

（二）债券借贷

在债券借贷市场中，交易双方均面临一定的违约风险，这在转让式债券借贷中表现尤为明显。融入方可能面临到期无法归还标的债券的风险，融出方则可能遭遇到期无法收回履约担保品的困境。相比之下，质押式债券借贷的风险主要由融出方承担，尽管融出方获得了履约担保品的质权，但在融入方违约的情况下，履约担保品的处置可能面临时效性和时间成本问题，这些因素使得质押式债券借贷的风险管理与转让式债券借贷相比显得更为复杂。市场参与者在债券借贷活动中必须密切关注市场动态，特别是在处理活跃券的借贷时。活跃券由于其较大的发行量和良好的流动性，天然具有交易优势。如果市场参与者在交易行为上过于趋同，如过度集中地建立某单一活跃券的空头头寸，将可能在该债券停止新发及其持有机构无法参与债券借贷的特定条件下，导致融入方在到期日无法获取足够的债券以归还融出方。这种情况会引发该债券的流动性风险，对市场稳定构成威胁。市场参与者在追求利益最大化的同时，应实施有效的流动性管理策略，并监控借贷余额，以防止流动性风险的发生。

债券借贷业务的定价机制与现券买卖及资金回购业务有所不同，它依赖于单只债券的借贷需求，该需求受债券的活跃度、剩余期限和交易期限的影响。全国银行间同业拆借中心通过当日市场成交价格计算出单只债券的加权平均费率，这一费率通常被市场参与者作为定价的参考。这种定价机制的一个缺陷是，如果市场成交笔数有限且存在价格异常的交易，加权平均费率的可靠性将受到影响。为了提高债券借贷市场定价的公正性和透明度，有必要在计算加权平均费率时剔除异常交易，或者开发更加科学合理的定价机制，以保证市场的公平性和效率。这一改进不仅有助于增强市场的功能性，也是维护市场秩序和参与者权益的重要措施。

第二节 信用风险分析

在中国的金融市场中，银行间同业金融业务涵盖了多种金融机构，包括银行、证券公司、保险公司、财务公司和信托公司等。这些机构在银行间市场上活跃地进行资金交易和信用交换，本质上构建了一个复杂的债权债务网络。在这个网络中，机构的信用等级差异显著影响着资金的成本和交易的流向。具体来说，国有大银行因其庞大的资本规模和政府背景，通常享有更高的信用评级，因此在同业市场中能以较低的资金成本借入资金。相反，非银行金融机构，如证券公司和信托公司，通常面临较高的资金成本，这是市场对其相对较低信用等级的一种调整。

在这种市场环境下，交易双方的风险偏好和信用评价成为决定资金流向的关键因素。银行在选择交易对手时，倾向与信用等级高的机构进行交易，以减少信用风险的暴露。高信用等级的机构因能够获得低成本资金而在市场中占有优势地位，这进一步加剧了金融市场的信用分层现象。例如，中小城市商业银行和非银行金融机构为了吸引资金，往往不得不提供较高的利率，这不仅增加了它们的资金成本，也提高了市场交易的整体风险水平。这种信用分层的现象在金融市场中导致资源的不均等分配，可能会在危急时刻加剧市场的波动性。面对这种情况，监管机构需要采取有效措施来监控和管理银行间市场的信用风险。监管策略应包括加强对非银行金融机构的信用评估，确保所有参与机构都有足够的透明度呈现它们的财务健康状况和风险暴露。推动实施理财产品净值化管理和破除刚性兑付是构建更为健康和稳定的金融市场的关键步骤。通过允许金融产品的市值波动并逐步开放银行破产的可能性，可以增强金融市场的自我调节能力，减少过度依赖单一信用评级的现象。这些措施将有助于平衡不同金融机构之间的竞争环境，促进金融市场的长期稳定与健康发展。

商业银行的核心运营模型基于信用风险的管理和控制，无论是传统的存款和贷款业务还是更为复杂的同业交易。信用风险的管理至关重要，因为它直接关系到银行的资金安全和健康运营。在贷款业务中，信用风险主要源自借款人或交易对手的违约可能性，这可能由于其信用状况恶化或履约能力降低而引发。在同业市场中，信用风险的管理同样复杂，涉及的不仅是直接的贷款关系，还包括通过多种金融工具和通道进行的资金运作，这些都可能增加银行面临的信用风险水平。

对于商业银行而言，建立一个健全的信用风险评估和管理系统是至关重要的。这需要商业银行不仅在内部加强风险控制机制，实施严格的信用评审和贷后管理，还须在同业金融业务中加强对资金流向和用途的监管。商业银行应采用先进的风险评估工具和技术，如大数据和人工智能技术，来提高风险识别和评估的精确性。通过这些综合措施，可以有效地减轻因信用风险带来的潜在损失，确保银行资产的安全性和增值潜力，支持其持续稳健的发展。

在当前金融环境下，商业银行较多借助同业金融业务进行业务品种和交易结构的创新。这种创新活动通常涉及多样化的金融工具和复杂的交易结构，同时吸引了更多的业务交易对手。这一趋势虽然为银行提供了业务扩展和收益增加的机会，却也使整个业务链条的复杂性显著提高。目前，随着交易结构的复杂化和交易对手数量的增加，商业银行作为市场资金的最终出资方，不可避免地承担了相应的信用风险。这些风险来源于多个层级的贷款和信贷投资，每一层级的参与方都可能因财务状况变动或市场条件变化而影响整体的信用风险状况。

由于同业金融业务中信用链条的延长，最终资金流向的监控变得极为困难。在这种情况下，信用风险的不可预估性显著增加，即使是具备高度监控系统的商业银行也难以完全追踪到每一笔资金流向的细节。这不仅增加了商业银行在单一交易中的潜在损失风险，而且由于业务环节增多，一个小的信用事件也可能引发连锁反应，影响整个资金链。例如，一个重要交易对手的违约可能迅速波及整个交易网络，使商业银行面临突然的流动性紧缩或资本损失。商业银行必须加强对同业业务的风险管理和监控策略。这包括采用高级的风险评估模型和信用监控系统，以实现对交易结构的深入理解和对交易对手信用状况的实时监控。商业银行应当发展先进的风险缓释措施，如信用衍生品和担保重新配置等，以分散和转移部分信用风险。加强内部控制和合规培训也是确保商业银行能够在复杂的市场环境中保持稳定的关键策略。通过这些措施，银行不仅可以保护自身免受潜在信用风险的影响，还可以在维护市场稳定的同时促进其业务的可持续发展。

第三节　操作风险分析

操作风险在银行业中占有举足轻重的地位，其定义可参照巴塞尔委员会的描述，即指因参与人员的失误、系统的缺陷或外部事件引发的直接或间接损失的风险。对于中小商业银行而言，这种风险的管理尤为关键，因为这类银行通常规模较小，管理体制相对分散，制度完善程度及合规意识不如大型商业银行。中小商业银行的管理灵活性虽然为其带来快速对市场变化做出反应的优势，但也使其在风险管理上显得较为脆弱。由于缺乏系统性的制度建设和风险防控措施的落实，这些银行在开展复杂的银行间同业金融业务时，常常面临较大的操作风险。

随着中小商业银行越来越多地参与高风险的同业金融业务中，操作风险的管理已成为该类金融机构亟须解决的问题。同业金融业务通常涉及大额资金和高度专业性，要求参与机构必须具备相应的风险管理能力。当前许多中小商业银行在开展此类业务时主要着眼于其带来的即时利益，而忽略了风险防控的重要性。这种做法在短期内或许能够带来经济收益，但从长远看却可能埋下安全隐患。特别是在前台、中台和后台的岗位设置不完善、人员配备不足的情况下，在银行的操作过程中可能存在多个风险点，这不仅增加了因操作失误造成的直接经济损失的可能，也可能影响到银行的长期声誉和稳定发展。

中小商业银行在加强同业金融业务盈利能力的同时须同步加强对操作风险的管理。这包括优化操作流程、加强人员培训和提升系统自动化水平等。商业银行应该建立更为严格的内部控制机制，确保每一个操作环节都有明确的规范和足够的监督。加强对操作风险的定期评估和审查，对发现的问题及时进行整改，是避免风险累积和潜在危机爆发的关键。通过这些措施，中小商业银行可以在确保业务增长的同时有效控制和降低潜在的操作风险，保障银行资产的安全与银行业务的可持续发展。

在同业金融业务领域，操作风险的后果尤其严重，因为这类业务往往涉及巨额资金，并且交易对手通常是其他金融机构。一旦在同业金融业务中出现操作失误或违规行为，不仅会对单个银行造成直接的财务损失，还可能影响到与其有业务往来的其他金融机构，甚至可能触发市场范围内的信用危机。如果一个银行在进行同业拆借时因操作不当造成巨额亏损，这将直接影响其偿还能力，进而可能引起拆借银行的资金链紧张，加剧市场的流动性风险。精细管理同业金融业务中的每一个环节，确保操作的正当性和合规性，对于防范系统性风险和保持金融市场稳定至关重要。

鉴于此，监管机构和银行自身都应采取更加严格的措施来管理和控制操作风险。监管机构应加强对银行同业金融业务的监督和规范，明确业务操作的标准和限制，定期进行审查和评估，确保商业银行遵守风险管理的相关规定。商业银行应建立全面的风险管理框架，强化内部控制系统，尤其是在同业金融业务中，应设置专门的风险管理部门，加强对交易操作的监督和审核。商业银行还应定期对员工进行风险管理和合规培训，提高员工对操作风险的认识和应对能力，确保在日常业务操作中能够严格遵守规范，有效防控风险。通过这些措施，可以最大程度地降低因操作不当带来的风险，保护商业银行和金融系统的稳定。

在商业银行的背景下，操作风险指的是由于内部控制系统的缺陷、信息技术系统的漏洞或外部事件导致的直接或间接损失。这类风险的具体表现多样，包括人为错误、信息技术系统故障、工作程序不当以及内部控制机制的不足。随着银行业务的复杂性逐渐增加，操作风险管理成为银行风险管理的重要组成部分。例如，银行员工可能因操作失误而引发财务错误或客户数据泄露；由于系统故障，导致交易中断或数据丢失；由于内控政策的不完善或执行不力，导致合规性问题或监管处罚。

员工的个人素质、职业道德和法律意识直接影响到他们在处理同业金融业务时的行为规范。加强商业银行内部的风险教育和法规培训，以及对从业人员进行持续的道德和法律意识强化，是控制操作风险的关键。

为了系统性地解决操作风险问题，商业银行必须采取一系列综合措施。这包括建立和维护一套完善的内部控制系统，确保所有操作程序都符合行业标准和法规要求。商业银行应当加强对信息技术系统的投资，确保系统的安全性和可靠性，以预防技术故障带来的风险。商业银行还应实施严格的员工监督和审计机制，以侦测和预防内外部勾结及其他欺诈行为。通过这些措施，可以大幅降低操作风险的发生概率，同时增强银行对潜在风险的响应能力，确保其长期稳定与客户资产的安全。

综合提高银行的操作风险管理能力是确保金融稳定和避免重大风险事件的关键。商业银行需要从技术和人力两个方面入手，不仅要加强技术平台的安全防护和系统的可靠性，还要通过持续的职业培训和严格的内部控制措施来提升从业人员的职业素养和业务操作能力。商业银行应当实施全面的风险评估程序，及时识别和修正潜在的风险点，从而在保护客户利益的同时维护银行和整个金融系统的安全稳定。

第四节　流动性风险分析

同业金融业务最初是为了帮助银行和其他金融机构在短期内调整和优化其流动性状况，但随着时间的推移和金融市场的复杂化，这些业务的本质和目的已经发生了变化。如今，同业金融业务不仅是流动性管理的工具，更成为金融机构追求利润的一个重要渠道。具体来说，通过“借短养长”的策略，商业银行可以通过低成本的短期资金来购买高收益的长期资产，利用期限错配获取利差收入。这种操作在流动性充沛的市场环境中风险较低，但资金市场是变化无常的，尤其是在央行进行货币政策调整，如公开市场操作等时，市场流动性条件会发生急剧变化。当市场流动性紧张时，资金成本上升，商业银行所面临的流动性风险急剧增加。例如，在月末或年末等特殊时间点，市场对资金的需求急剧增加，资金成本相应提高，那些依赖于短期资金的金融机构可能会面临重大的流动性风险。如果这种依赖形成了一条长链条，其系统性风险将会显著增加。一旦市场中的某个环节发生资金链断裂，那么整个资金链条可能因为连锁反应而导致系统性违约，这在极端情况下甚至可能触发金融机构的“挤兑”风险。商业银行和金融机构必须非常谨慎地管理自己的流动性敞口，确保在追求利润时不会超出自身的风险承受能力。商业银行需要制定严格的内部控制和监管机制来管理同业业务的风险。金融机构应定期评估其流动性需求和流动性风险，并根据这些评估来调整其资金管理策略。监管机构必须加强商业银行对同业业务的监督，特别是那些涉及大量杠杆和期限错配的操作。商业银行应当根据自身的风险承受能力合理设置杠杆率和流动性缓冲，避免因市场条件突变而陷入财务危机。通过这些措施，商业银行可以在维持市场稳定性时有效地管理和利用市场机会，促进自身的稳健发展。

一、静态指标分析法

通过静态指标分析法，可以对比出银行资产中的核心内容和重点，而后对其权重予以确立，见表 5-1。

表5-1　银行资产核心指标

指标类别	指标明细
衡量资产流动性的指标	流动资产比率 资本充足率 现金指标 贷款占总资产的比率等
衡量负债流动性的指标	短期投资比率 流动性货币率 存款结构比率 核心存款比率等
综合反映资产负债的指标	存贷款比率 流动性比例 超额备付金率等

二、动态指标分析法

（一）融资缺口

融资缺口是描述银行融资状况稳定性的一个重要指标。它衡量的是商业银行总体融资需求与可用稳定资金之间的差异。在金融市场波动或经济不稳定时期，融资缺口往往表现为负值，这表明商业银行可能无法完全依靠稳定的资金来源满足其融资需求。这种不稳定的融资状态迫使商业银行通过短期或不稳定的负债来筹集资金，如短期市场借贷或其他非传统融资渠道。这不仅增加了商业银行的财务成本，还可能影响其长期的财务健康和市场声誉，从而降低其在金融市场的竞争力。

（二）流动性缺口

流动性缺口被定义为一种有效的动态风险测量工具，专门用于评估商业银行在一定时期内面临的流动性状况。流动性风险监管指标包括流动性覆盖率、净稳定资金比例、流动性比例、流动性匹配率和优质流动性资产充足率。其中，资产规模不小于2000亿元人民币的商业银行应当持续达到流动性覆盖率、净稳定资金比例、流动性比例和流动性匹配率的最低监管标准。资产规模小于2000亿元人民币的商业银行应当持续达到优质流动性资产充足率、流动性比例和流动性匹配率的最低监管标准。流动性覆盖率监管指标旨在确保商业银行具有充足的合格优质流动性资产，能够在规定的流动性压力情景下，通过变现这些资产满足未来至少30天的流动性需求。净稳定资金比例监管指标旨在确保商业银行具有充足的稳定资金来源，以满足各类资产和表外风险敞口对稳定资金的需求。流动性匹配率监管指标衡量商业银行主要资产与负债的期限配置结构，旨在引导商业银行合理配置长期稳定负债、高流动性或短期资产，避免过度依赖短期资金支持长期业务发展，提高流动性风险抵御能力。

具体来说，如果在短时间内流动性缺口为正，这意味着商业银行拥有足够的即将到期的资产来覆盖其短期负债，因此流动性风险较低。这种情况下，商业银行可以更安心地进行日常运营和资金配置。如果流动性缺口为负，表明短期内到期的负债超过了到期的资产，商业银行可能面临资金紧张的局面，需要迅速采取措施来增强流动性，确保商业银行的稳定运营和客户的财务安全。

（三）久期缺口

久期缺口是一个衡量商业银行资产负债久期匹配程度的重要财务指标。通过分析资产与负债的加权平均久期差异，久期缺口能够揭示商业银行在面对利率变动时的敏感性。如果一个银行的资产久期大于负债久期，那么在利率上升时商业银行可能会遭受资本价值的损失；反之，则可能会在利率下降时受益。理解并管理久期缺口对于商业银行来说是至关重要的，它可以帮助商业银行预测和准备未来可能的资金需求，及时调整资产和负债结构，以应对市场利率变动带来的潜在风险。通过这种方式，商业银行能够保持资金流的稳定和增加财务弹性，从而优化其整体的风险管理框架和增强财务安全。

三、压力测试分析法

压力测试分析法为商业银行提供了一种强有力的工具，以定量方式评估在极端市场条件下可能面临的风险。这种分析帮助商业银行预测并准备对策，以应对突发的金融危机或市场动荡。经常性的压力测试可以揭示商业银行在捕捉和管理企业资产和负债流动性方面的潜在薄弱环节。由于银行业务的复杂性，资产与负债的管理往往存在信息不对称和计量误差，这可能导致在面临市场压力时资金流动性不足。通过压力测试，商业银行可以系统地评估这些误差带来的潜在风险，并据此调整其资金管理策略。在测试过程中，商业银行将通过模拟不同的市场情景，从而评估在各种极端情况下的资金充足性，确保在实际遇到类似情况时能够保持运营的稳定性和安全性。

商业银行通过压力测试可以构建和完善其短期流动性管理的监控指标、警示机制和应急措施。这些措施的建立是为了让商业银行能够及时发现流动性短缺的风险并快速响应，以避免可能的财务危机。定期进行流动性压力测试不仅可以模拟外部市场环境的变化，还可以模拟内部业务的潜在冲击，从而使商业银行能够评估自身的应对能力。通过这些测试，商业银行能够辨识在不同压力情境下，哪些资产能够迅速变现以及哪些负债可能需要优先满足，确保资金的有效流动和商业银行的持续运作。这不仅增强了商业银行对市场变化的适应能力，还提高了其整体的风险管理水平。

根据《商业银行压力测试指引》，压力测试的目标是评估商业银行在面临极端不良情况时的风险承受能力，以及这些风险可能对商业银行盈利能力的影响。这种基于定量分析的方法允许商业银行预先设定不同的风险场景，包括市场利率大幅波动、信贷市场紧缩或国际金融市场的动荡等。通过详细的分析，商业银行能够识别在特定情况下的薄弱环节，并设计相应的改进措施来提高其抵御风险的能力。这种前瞻性的风险评估和管理策略是商业银行保持竞争力和长期稳定发展的关键，也是监管要求中对现代银行业务管理的基本预期。通过实施这些措施，商业银行不仅能够减少潜在的损失，还能在全球金融环境中保持其稳定和可靠的市场地位。

四、主成分分析法

主成分分析法已成为学术研究中分析数据的主流工具，尤其在评估企业的流动性水平方面表现出独特的效能。该方法通过提取数据中的关键变量（主成分），能够重新构建和简化数据结构，从而有效测算企业的短期流动性水平。主成分分析法通过识别多个变量之间的内在关联性，将原始变量转化为少数几个综合指标，这些指标反映了数据的主要变异源，能够为企业流动性的评估提供更清晰、更准确的视角。

在实际应用中，主成分分析不仅能够揭示企业流动性管理的核心要素，还能够通过构建加权指数来量化企业的流动性状态。这种方式允许分析师重构和分类企业的核心财务指标，形成全新的分析模型，并将这些模型的得分作为衡量企业流动性的标准。这种分析方法也存在一定的局限性，如受到数据质量、采样方法及外部环境变化的影响，即使是相同的指标，在不同的环境和条件下其解释能力和适用性也可能发生变化。尽管主成分分析提供了一个强有力的工具，但它在应用时需谨慎处理数据的可获取性和实际操作的意义。

我国商业银行在评估自身的流动性水平时，不能仅依赖主成分分析这一静态指标，必须结合动态评估方法和其他多元化的评价工具，如压力测试、情景分析等，来综合评估商业银行的流动性风险。这种多维度的评估策略不仅可以提供更全面的风险视角，也能增强商业银行对潜在流动性挑战的应对能力，确保商业银行在面对各种市场变化时能够维持稳定和健康的运营状态。通过这样的综合评估方法，商业银行能够更准确地识别和管理流动性风险，从而保障其长期的财务安全与市场竞争力。

第五节　合规风险分析

合规经营是银行业开展同业金融业务的核心前提。监管机构需要强化对同业业务的监督和规范，确保金融机构在开展业务时严格遵守监管规定。监管部门应加强信息披露要求，提升同业金融业务的透明度，特别是对那些通过同业金融业务可能涉及的高风险领域进行严格的监控和限制。监管机构应考虑建立更为细致的同业金融业务分类和评估体系，对不同类型的同业金融业务施加差异化的监管策略，从而避免金融机构通过同业金融业务进行监管套利，保障银行体系的稳健运行，维护金融市场的整体稳定。

在金融业，尤其是银行业中，合规管理是维护机构声誉、确保运营安全的关键。无论是对内的管理还是对外的业务往来，合规性的重要性都不容忽视。商业银行需要从根本上增强合规文化，确保每一笔交易都在监管框架和内部控制指导下进行，任何违规行为都应当被立即发现并加以制止。在交易过程中，特别是涉及同业金融业务时，商业银行应实施严格的合规监控措施。同业业务由于其复杂性及涉及范围广，管理不善很容易引发合规问题。商业银行应确保所有同业交易严格遵守相关法律法规，所有交易操作必须经过充分授权，且所有交易记录都应详细记录和定期审计，以防潜在的合规风险。商业银行还应加强对员工的合规培训，特别是那些直接参与同业金融业务的员工，确保他们完全理解其职责范围内的合规要求。通过这些措施，商业银行不仅能够有效地管理和控制合规风险，也能够在激烈的市场竞争中维持其业务的持续性和稳定性。

第六章　商业银行同业金融业务中的风险管理策略

第一节　风险识别与评估体系构建

一、商业银行信用风险评估体系概述

（一）商业银行信用风险评估

信用风险是金融机构在业务活动中面临的重要风险之一，而商业银行是金融机构中主要的信用风险承担者。信用风险评估能力是商业银行的核心竞争力之一。

（二）商业银行信用风险的类型

商业银行信用风险主要包括垫款风险、违约风险、流动性风险和市场风险等。

（三）商业银行信用风险评估指标体系的基本构成

商业银行信用风险评估指标体系主要由基础指标、经济指标、行业指标和公司指标等组成。其中，基础指标包括资产质量、流动性、盈利能力等基础性的指标；经济指标主要反映经济大环境下的信用风险情况；行业指标主要反映特定行业下的信用风险情况；公司指标主要反映特定企业本身的信用风险情况。

（四）商业银行信用风险评估指标体系构建的方法

商业银行信用风险评估指标体系的构建方法包括主观构建法和客观构建法。目前商业银行主要采用的是客观构建法，即通过大量的数据分析和挖掘，确定与信用风险相关的指标，采用统计分析方法对这些指标进行评估。

二、商业银行信用风险评估指标体系的意义

（一）提高商业银行风控能力

商业银行信用风险评估指标体系是金融风险管理领域的一个重要组成部分，其建立和完善对银行整体风控能力具有决定性的作用。该指标体系通过定量和定性的综合分析方法，能够帮助银行精准识别信用风险的存在和可能的风险级别。例如，通过对借款人的信用历史、偿债能力、经营状况等多维度数据的评估，商业银行可以在贷前进行风险分级，从而科学制定同业借款或拆借条件和利率。这一体系也支持银行在贷后管理中持续监控借款人的信用状态变化，及时发现问题并采取相应措施，如调整拆借额度或采取追偿措施。信用风险评估指标体系的建立，不仅提高了商业银行的风险管理效率，还增强了风险应对的时效性和有效性，显著提升了商业银行的整体风控能力。

（二）促进商业银行可持续发展

信用风险评估指标体系对于推动商业银行的可持续发展同样具有重要意义。在金融市场竞争日益激烈的今天，商业银行业务的可持续发展不仅需要靠创新和服务的优化，更离不开坚实的风险管理基础。通过实施有效的风险评估和管理，商业银行能够在保证资本充足率和流动性的前提下合理配置资源，优化资产负债结构。信用风险评估体系通过帮助商业银行减少坏账损失，确保了盈利的稳定性和持续性，从而增强了商业银行抵御外部经济波动的能力。这一体系不仅有助于商业银行维持长期的财务健康，也保障了银行在复杂多变的市场环境中能够持续稳定地发展。

（三）增强商业银行竞争力

信用风险评估指标体系的建立和优化，进一步增强了商业银行的市场竞争力。一个科学严谨、响应迅速的信用风险评估体系能够有效提高商业银行对风险的管理能力，增强客户及市场的信心。在提供金融服务的过程中，商业银行能够基于客观的信用评估为客户提供更符合其风险承受能力的产品和服务，从而提升客户满意度和忠诚度。良好的风险管理记录也有助于商业银行在获取资本市场和监管机构支持时处于更有利的位置。通过这种方式，商业银行不仅能够提高自身的风险管理标准，也能在激烈的市场竞争中保持领先地位，实现业务的持续健康发展。

三、商业银行信用风险评估指标体系构建原则

（一）指标体系应该具有全面性

在构建商业银行信用风险评估指标体系时，首要的原则是确保指标体系的全面性。这意味着指标体系必须涵盖风险管理的各个方面，包括

行业风险、经济风险、资产风险以及法律和合规风险。例如，行业风险指标可以通过分析特定行业的发展趋势和周期性波动来设定；经济风险指标则涉及宏观经济条件如GDP增长率、失业率等；资产风险指标则需要评估同业资产的质量和抵押物的价值；法律和合规风险则包括监管变化与合规要求的遵守情况。全面性确保了商业银行能够从多角度、全方位地识别和评估潜在的信用风险，从而采取更有效的风险管理措施。

（二）指标体系应该具有实用性

商业银行信用风险评估指标体系的实用性要求所选取的指标不仅要能客观地反映商业银行面临的风险情况，还要为银行的日常风险管理和决策提供有用的信息。实用性强的指标应当具备操作简便、易于计算和解释的特点。例如，贷款违约率可以直接反映出贷款产品的风险水平，资本充足率则是评估商业银行整体健康状况和风险承受能力的关键指标。这些实用的指标使商业银行能够实时监控风险变化，并快速调整策略以应对潜在的风险挑战。

（三）指标应考虑到市场变化

考虑到金融市场的高度动态性，商业银行信用风险评估指标体系应具有时效性和适应性。市场条件和经济环境的变化可能会迅速改变原有的风险评估结果。商业银行需要确保其使用的指标能够灵活应对这些变化，并及时更新。例如，如果房地产市场突然崩溃，相关的资产风险指标就需要调整以反映新的市场状况。近年来，随着金融科技的发展和新的金融工具的出现，商业银行也应定期审视和更新其指标体系，以包含可能影响信用风险的新变量。

（四）指标间应该具有相互关联性

在风险评估中，不同的指标并非孤立存在，它们之间往往相互影响。

例如，经济风险指标的恶化可能会引起资产风险指标的变动。商业银行在构建指标体系时，需要考虑指标之间的关联性，以便能够更全面和准确地把握风险状况。这种系统性的考虑有助于商业银行构建一个相互支持的风险评估框架，避免因忽视某些关联风险而产生评估盲点。

（五）指标应该具有可比性

指标的可比性也是构建有效信用风险评估指标体系的必要条件。可比性强的指标能够使商业银行更容易地比较不同时间点或不同业务单位的风险表现，从而提高风险管理的系统性和连贯性。例如，通过标准化的财务比率和风险度量，商业银行能够比较不同部门或不同地区分行的风险水平，有效识别出高风险集中的领域，进而采取针对性的风险控制措施。这种可比性不仅增强了指标的实用性，还为银行提供了执行内部基准和外部监管要求的工具。

四、商业银行信用风险评估指标体系的构建程序

（一）明确风险的种类和范围

在构建商业银行信用风险评估指标体系的过程中，首先需要明确风险的种类和范围。这一步是基础且关键的，因为它直接决定了后续指标的选择和评估的方向。商业银行面临的风险种类繁多，包括但不限于信用风险、市场风险、操作风险、法律与合规风险等。每种风险都需要银行根据自身的经营特点来进行详细的定义和划分。例如，信用风险涉及贷款违约的可能性，市场风险则可能包括利率变动、汇率波动等因素。通过全面明确这些风险的种类和范围，商业银行能够更有效地进行风险管理和控制。

（二）分析市场和环境

分析市场和环境是为了确保所选指标能够真实反映商业银行所处的具体情况和外部环境的影响。市场分析包括研究市场趋势、竞争状况、客户行为以及经济周期等因素。环境分析则涉及政治、经济、社会和技术等宏观环境因素。如果商业银行在高度竞争的市场中运营，那么市场份额、新产品的市场接受度等指标就显得尤为重要。同样，环境因素，如政策变化或经济衰退也将直接影响银行的风险状况。通过深入分析这些内外部因素，商业银行可以选择更为科学和实用的指标，从而更精准地进行风险评估。

（三）制定评估标准

商业银行要根据已选定的指标的性质和测量目标来设定具体的评估标准，这些标准要有明确的量化指标，如风险敞口的百分比、资本充足率的最低要求等，还应包括对风险容忍度的界定。制定这些评估标准的目的是确保各项指标在实际应用中具有标准性和可比性，使风险管理的结果既准确又具有可操作性。

（四）数据收集和分析

在这一阶段，商业银行需要收集大量与风险评估相关的数据，包括历史数据、行业数据、宏观经济数据等。数据分析不仅涉及对已有数据的整理和分析，也包括对数据质量的控制和验证。通过应用统计学方法和风险建模技术，商业银行能够从数据中提取风险信号，为后续的风险控制提供依据。在这一过程中，确保数据的准确性和时效性是至关重要的。

（五）测试和验证

商业银行需要对所构建的风险评估指标体系进行实际测试，以验证其可靠性和准确性。这通常涉及模拟不同的市场情况和风险事件，观察指标体系在这些情况下的表现是否符合预期。测试结果有助于商业银行发现指标体系中可能存在的问题，如某些指标对特定风险的敏感性不足或反应过度，从而进行相应的调整。

（六）完善和调整

商业银行信用风险评估指标体系的完善和调整是一个持续的过程，随着市场条件的变化、新技术的出现和金融产品的创新，商业银行需要不断地对指标体系进行更新和调整。这不仅涉及对现有指标的修正，也可能包括引入新的指标以反映新出现的风险类型。近年来，随着商业银行业务的扩展和深化，指标体系也应相应地扩展，以涵盖更广泛的风险管理需求。通过持续优化，商业银行能够确保其风险管理的有效性和适应性，更好地应对金融市场的不断变化。

五、商业银行信用风险评估指标体系构建的难点和解决方案

（一）指标间的重要性和相关性难以把握

在构建商业银行信用风险评估指标体系的过程中，一个显著的难点是指标间的重要性和相关性难以把握。这个问题的根源在于，不同指标对于风险的反应灵敏度和方向可能不同，且这种差异可能因商业银行的业务模型和市场环境的不同而有所变化。为了解决这一问题，可以采用数据分析和挖掘技术。具体方法包括运用统计分析方法，如因子分析和聚类分析，以识别那些对风险预测具有高度解释力的核心指标。机器学

习技术，如随机森林和神经网络可以用来评估不同指标的重要性，通过这些高级技术，可以动态地调整指标体系，确保其反映最新的风险状况和趋势。这种方法不仅增强了指标选择的科学性，而且通过持续的学习和优化，提高了整个指标体系的适应性和预测准确性。

（二）数据收集和整理难度大

商业银行在日常运营中会产生大量数据，这些数据常常分散在不同的部门和信息系统中。数据的分散性和异构性使收集和整理数据变得尤为困难。解决这一问题的有效方法是采用现代信息技术，特别是数据仓库和数据湖技术。这些技术能够将不同来源和格式的数据集中存储和管理，实现数据的一体化处理。利用中间件技术可以实现各个部门系统之间的数据交互，确保数据的时效性和一致性。通过这些技术手段，不仅可以提高数据处理的效率，还可以增强数据质量，为风险评估提供坚实的数据支持。

（三）评估标准不确定性

在实际操作中，如何设定合理的评估标准常常受到商业银行业务特点和市场环境的影响，且难以适应所有情况。解决这一问题的方法是在制定评估标准时，充分考虑商业银行的业务特点和实际情况。具体做法包括与业务部门密切合作，了解不同产品和服务的具体风险特征，结合历史数据和市场趋势进行实证分析，以确定合适的风险容忍度和阈值；还可以参考国际标准和行业最佳实践，结合本土市场的具体情况进行本地化调整。通过这种动态且具有针对性的方法，可以确保评估标准既科学合理又具有高度的实用性，有效支持商业银行的风险管理工作。

六、商业银行信用风险评估指标体系的应用

（一）风险评估流程的优化

在商业银行的信用风险管理中，建立一个科学的指标体系至关重要，该体系的建立不仅优化了风险评估流程，还提高了评估的准确性和速度。通过采用精确定义的风险评估指标，商业银行能够更有效地识别和评估各类信用风险，从而提前采取预防措施。例如，利用财务比率、还款历史和市场数据等指标，商业银行可以对潜在的借款人进行综合评分。这种方法不仅加快了决策过程，也提高了决策的质量，因为它依赖于数据驱动的分析而非仅仅是主观判断。科学的指标体系还支持商业银行在面对快速变化的市场环境时迅速调整其风险评估模型和策略，有效降低了风险承担的成本，并保障了整个银行系统的稳健运行。

（二）风险管理的强化

通过建立和应用完善的信用风险评估指标体系，商业银行的风险管理能力得到显著增强，这一体系不仅为商业银行提供了及时发现和响应风险的机制，还确保了风险管理的系统性和连续性。具体来说，商业银行能够通过连续监测这些指标来跟踪信用风险的动态变化，及时调整其风险防范措施，如调整信贷政策或设置风险准备金。例如，如果某个行业或地区的贷款违约率上升，商业银行可以即刻采取措施减少该领域的信贷投放，并加强现有贷款的回收力度。信用风险评估指标体系还为风险管理提供了量化的依据，使得风险控制不仅依赖于经验和直觉，而是建立在可量化、可分析的数据基础之上，从而大幅提升风险管理的科学性和有效性。

（三）业务决策的参考

商业银行信用风险评估指标体系的建立和应用对商业银行的业务决策起到了重要支持作用。在当今的高度竞争性金融市场中，商业银行在扩展业务和开发新产品时面临着诸多挑战和风险。有了科学的指标体系，商业银行可以在新业务决策过程中，准确评估潜在的风险与收益。例如，通过分析客户的信用评分和历史交易行为，银行可以决定是否扩大对某个客户或行业的贷款额度，或是引入新的金融产品。这些指标还能帮助银行评估其产品和服务的市场表现，调整市场策略，从而减少业务风险和信用风险。这种基于数据和分析的决策过程不仅增强了商业银行的业务灵活性，也提高了其在激烈市场竞争中的适应性和竞争力。

第二节　同业金融业务风险限额管理策略

为了严控同业金融业务引发的流动风险和操作风险，银行管理者应该高度重视，积极开展同业金融业务的流程管理，加强员工队伍培训，创新风控管理手段，实施风险限额管理等。

一、完善内部评级和限额管理体制

中国的商业银行在面对全球金融市场的不断变化和挑战时，必须加强内部评级和限额管理的规范和制度建设。这不仅涉及规范评级和限额管理的流程，还包括完善管理体制的必要性。历史上出现的金融危机为银行业提供了深刻的教训，强调了在金融全球化进程中，评级和限额管理的重要性。商业银行应当树立先进的评级与限额管理观念，采纳国际银行的先进经验，并结合我国商业银行的微观环境，设计出一套科学、有效、合理的评级和限额管理流程。这些流程在实践中需要不断地进行检验和完善，以确保其能够在不断变化的市场环境中保持有效性和适应性。

我国金融监管机构应参照国际标准，如巴塞尔银行监督管理委员会的相关规定，制定适合我国国情的评级和限额管理规范与标准。例如，统一的压力测试场景设计规范或指导原则的建立，不仅有助于提升监管效率，还有利于各金融机构间的评级和限额管理工作的比较。监管机构应要求每个金融机构在这一基本框架的基础上，结合自身的风险特点制定个性化的内部评级和限额管理方案，并建立定期的检查和汇报机制。这种做法旨在确保金融机构能够在遵循统一标准的同时，能灵活地应对各自的风险状况。

为了有效实施这些政策和流程，必须在组织结构和管理体系中进行相应的强化。可以成立专门的内部评级和限额管理工作小组，该小组直接对高级管理层负责，并负责相关的执行、反馈及报告工作。高级管理层和相关业务部门应指定特定人员来负责监控和分析评级及限额管理的结果，并确保测试结果能够被有效地在整个组织中应用，从而提高业务部门或各分支机构在收集和应用相关信息的效率。这样的组织结构调整和管理体系的优化，将有助于最大限度地发挥内部评级和限额管理工作的作用，促进银行业务的稳健发展。规范内部评级和限额管理定期开展和结果汇报机制，形成内部评级和限额管理的责任链条，并规定各环节相关责任，增强风险管理部门乃至整个商业银行对内部评级和限额管理工作的重视程度。

二、提升宏观评级与限额管理技术水平

中国的商业银行在面对全球化金融市场的挑战时，必须积极引进和学习国际上先进的评级和限额管理技术。这种技术的引进不是直接复制外国模型，而是需要在深入理解并吸收这些先进技术的基础上，结合中国的国情和商业银行的具体实际，进行本土化的调整和优化。中国的商业银行在借鉴国际先进银行经验的同时，必须考虑到国内宏观经济特点、银行自身的风险特征以及数据属性。这要求银行不仅要引进国外的模型

和技术，还需要依靠专家团队的专业知识，结合实际情况，创造出真正适合中国市场的内部评级和限额管理方案。

数据支持系统的完善是推动评级和限额管理精细化的关键。当前，中国商业银行在内部评级和限额管理中面临的一个主要问题是数据的缺失和质量不高，这严重制约了模型的精确性和参数设置的科学性。为此，建立健全的内部和外部数据库系统显得尤为重要。商业银行应加快对历史数据的收集和整理工作，建立自有的内部数据库，以便能够及时收集和整理内部评级及限额管理所需的关键指标数据。对于一些核心的指标，如不良贷款率、违约概率等，商业银行应进一步规范数据的统计方法，尽可能地扩展数据的时间序列，确保数据的完整性和准确性。

商业银行在未来的风险管理实践中将更多地依赖高级计量方法的应用，这不仅可以提升风险管理的效率和准确性，还能在一定程度上推动评级和限额管理方法的创新。商业银行要重视对高级计量方法的研究和应用，即使在面临数据样本量不足等挑战时，也应积极探索和尝试使用更先进的技术和方法。通过这种不断试探和改进，中国商业银行能够在评级和限额管理方面实现技术上的突破，从而更好地适应复杂多变的全球金融环境。

三、加大对宏观评级和限额管理的技术资源投入和人力资源投入

为了应对全球金融市场的挑战，中国商业银行必须加快内部评级和限额管理系统的建设，以实现工作的自动化和系统化。这不仅包括自主研发或引进先进的评级和限额管理应用系统，还涉及整个银行数据系统、财务系统、风险管理系统和办公系统的协调一致。银行需要按照内部评级和限额管理的具体步骤来构建和完善系统，这包括建立健全的经济金融稳健性指标数据库和中央数据处理系统。深化内部评级系统的研发是至关重要的，它能为量化风险管理提供精准的数据支持和先进的计量工

具，确保评级和限额管理工作的科学性和实用性。商业银行还应加强计量系统的综合运用，开发和完善内部评级和限额管理模型开发平台，以及类似于风险计量模型实验室的设施。这些平台和实验室不仅能够提高银行的自主研发能力，还能确保日常和经常性的内部评级与限额管理任务与风险计量系统紧密结合。大型商业银行可以利用自主研发的优势，建立更加符合自身特点的评级和限额管理系统，通过系统化的方法论、完备的数据库和精确的运算规则，来提升测试的效率和应急预案的时效性。这种系统的建立不仅优化了数据处理流程，也增强了银行对风险的响应能力和管理效率。

商业银行需要组建由专业人员组成的内部评级和限额管理团队，这些团队不仅要负责推动评级和限额管理的实施，还需处理测试结果的反馈和数据的收集。为了克服内部评级和限额管理实施中可能出现的管理层级和职能差异带来的障碍，建立一个良好的组织结构是必要的。商业银行应通过引进和培养高级金融人才来强化团队的专业能力，特别是在业务专家、风险管理专家和技术支持人员方面进行重点培养。这种人才结构的优化将为商业银行内部评级和限额管理的精细化操作提供坚实的支撑，进而推动整个金融机构的稳定发展。

四、加强内部评级与限额管理结果的应用实效性

在商业银行内部，评级和限额管理的结果不仅应包括预测数值及其分析，还应综合建立应急预案和建议报告，以确保商业银行能够有效响应潜在的风险。建立健全的内部评级和限额管理结果的报告机制至关重要。这一机制应确保所有测试结果按照既定的路线和程序，及时汇报给相关层级的负责人，以便他们快速做出管理决策。测试结果的利用程度应成为商业银行制定政策和战略的重要依据，从而充分发挥其在高层管理、决策和战略规划中的作用。确立清晰的报告路径，根据测试结果的严重程度进行分类，可以有效地提高决策的时效性和精准性，同时保障

商业银行运营的稳定性。

对于报告的分级机制，可以将内部评级和限额管理结果分为三个不同的严重级别。对于轻微的测试结果，即那些不会影响银行正常运营的情况，可以仅在风险管理部门内部处理，并在必要时进行上报。对于较为严重的情况，如影响到特定业务部门的正常运作，则需要上报至银行高层管理，由高层进行权衡后决定相应的风险防范措施。而对于最严重的情况，如可能威胁到银行整体运营安全甚至导致银行破产的事件，必须将测试结果上报至董事会，以便董事会基于这些信息制定或调整宏观政策和应对策略。这种层级化的报告机制不仅优化了信息流通，也加强了各级管理的响应能力和决策质量。

除了建立有效的报告系统，内部评级和限额管理的成果还应广泛应用于风险管理、财务预测和资本分配等关键领域，以支持商业银行的可持续发展。对敏感性较强的压力指标进行持续监控，并据此调整风险管理重点和策略，是确保商业银行稳健运营的基石。商业银行应利用各种风险防范工具，如资产调整、资本约束和流动性储备等，来最大限度地降低潜在风险的影响。这些措施不仅有助于减少财务损失和声誉损害，还为银行的长期资本规划和财务状况预测提供了科学的决策基础。通过这样的综合风险管理策略，商业银行能够更有效地应对未来可能出现的金融波动和市场变化。

五、在内部资金转移定价中考虑流动性风险因素

在商业银行的资金管理中，内部资金转移定价（Funds Transfer Pricing, FTP）是一项关键的金融策略，用于评估资金成本和利润贡献，确保资金在不同部门间的有效配置。为了更精确地反映资金使用的成本，并激励各部门合理配置资源，银行在基础价格上设定了风险溢价调整项。这些调整项主要包括流动性风险溢价和利率风险溢价，并基于对资金在特定时期内的可用性和成本的考量。流动性风险溢价反映了在资金紧张

时期资金的获取成本，利率风险溢价则考虑了市场利率变动对银行资金成本的影响。通过引入这些溢价，商业银行能够更好地管理其资金的使用和成本，也为各业务部门创造了公平竞争的环境，使其在追求利润的同时必须考虑资金的成本和风险。

为了确保流动性风险得到有效控制，并满足监管要求的严格标准，商业银行采用了高级的信息技术系统来监控和管理流动性状况。这些系统主要包括数据仓库系统和核心业务系统，它们能够实现对流动性缺口、流动性限额和其他关键流动性指标的实时监测。数据仓库系统为银行提供了一个集中的数据访问点，使商业银行能够存储和分析不同来源的大量数据，并从中提取有关流动性状况的信息。核心业务系统则直接与银行的日常运营相连，实时更新流动性数据，保证管理决策能够基于最新的运营信息做出正确决策。这种系统的整合使用不仅提高了数据处理的效率和准确性，也增强了银行对流动性风险的响应能力，确保在任何时候都能维持足够的流动性来应对潜在的市场压力。

通过这种综合性的管理策略，商业银行能够有效地应对流动性风险和利率风险，确保其稳定运营和持续发展。流动性管理的严格执行不仅符合监管机构的要求，也是银行风险管理体系中不可或缺的一部分。通过日常的流动性监测和风险定价策略的调整，商业银行能够及时发现并应对资金流动性紧张的情况，防止流动性危机的发生。这些措施也有助于商业银行在竞争激烈的金融市场中保持竞争力，为客户提供稳定可靠的金融服务，增强客户的信任和满意度。

六、提出清算账户余额下限预警方案

在商业银行日常运营中，同业业务的支付清算活动至关重要，特别是涉及大额资金交易时，确保清算的高效性和安全性显得尤为关键。针对这一问题，商业银行提出了一种清算账户余额下限预警方案，即建立一个预警系统，旨在防止大额资金业务在当日清算中产生的差额对银行整体同业业务的支付清算产生不利影响。该预警系统通过设定清算账户的余额下限，一旦某日清算额超过预设的警戒值，系统会立即触发预警机制，及时通知流动性管理部门。此举不仅有助于银行及时识别和响应潜在的流动性风险，而且保证了银行资金流的稳定性和清算活动的连续性。这种预警系统的设计体现了风险管理的前瞻性和主动性，是银行风险管理架构中不可或缺的一部分。

系统预警后的应急机制是商业银行对风险管理的具体实施办法。在接到预警通知后，系统会自动启动应急响应机制，对存量的清算业务进行自动排序，并分批次处理大额资金清算，直到风险预警被解除。这种自动化的风险响应流程不仅提高了处理效率，确保了在面对大额资金流动时的应变能力，也减轻了人力资源的压力，提升了整体业务处理的透明度和可追溯性。通过分批次处理大额清算，商业银行能够更有序地管理资金流动，有效避免因单一大额交易引发的流动性风险，保持银行运营的稳定性和安全性。为进一步增强风险管理的及时性和实效性，商业银行还实施了将交易清算情况及人民银行资金头寸情况通过手机短信形式发送给资金监管人员的措施。这一措施使得相关人员能够实时了解银行头寸的变动情况，无论身处何地都可以快速做出反应和调整。这种实时的信息传递机制不仅提高了监控的效率，还增强了商业银行对突发情况的快速响应能力，确保了银行资金运营的连续性和安全性。通过这样的信息化手段，商业银行能够更有效地监控和管理其资金状态，同时提供了数据支持，为未来可能的策略调整和风险评估提供依据。

七、建立优质资产明细目录清单

在商业银行的资产管理策略中，保持资产的高流动性是至关重要的。为此，商业银行采取了一种创新的做法：建立一个优质资产明细目录清单，并根据每日的交易情况及时进行更新。这种做法使得商业银行能够实时监控其持有的资产的状态和价值，确保这些资产可以在需要时迅速转换为现金。优质资产清单通常包括市场上认可度高、容易变现的资产，如政府债券、高评级企业债等。商业银行通过持续更新这一清单，不仅可以对资产的流动性进行有效管理，还能在市场动荡时快速调整资产结构，以应对潜在的流动性风险。银行在进行财务规划和风险评估时，这种策略还可以为其提供精确的资产信息，从而做出更为科学的决策。

随着科技的不断发展，银行业务的自动化和信息化水平不断提升，商业银行同业金融业务的管理也趋向于高度系统化和自动化。为了进一步提升同业业务的效率和安全性，商业银行投入大量资源完善了同业金融业务交易系统。该系统集成了前台交易、中台管理、后台结算等多个业务模块，实现了银行同业交易全过程的自动化。该系统中综合了交易对手信息、授信额度、交易规则、角色控制、审核要点、审批流程、交易报价、交易限额、风险计提、会计核算、记账规则等关键信息和功能，所有这些都经过精心设计，以确保交易的准确性和合规性。通过这一系统，银行能够在确保交易效率的同时最大限度地减少人为错误和欺诈风险，提高了业务的透明度和可追踪性。

该系统的实施标志着银行从传统的人工控制模式向现代的机器控制模式转变，实现了科技管控风险的目的。这一转变不仅显著降低了人力成本，还极大提高了处理业务的质量和效率。系统控制下的业务流程减少了人为干预的必要性，从而降低了操作风险。系统间的无缝衔接保证了数据的一致性和实时性，加强了整个银行体系的响应速度和灵活性。商业银行因此能够更快地适应市场变化，更有效地应对金融市场的不确定性。总的来说，通过这种高度自动化和系统化的交易系统，商业银行成功地提升了其同业金融业务的管理水平，为银行业务的持续发展和风险管理打下了坚实的基础。

八、加强员工培训

在金融行业，尤其是在商业银行中，员工的业务技能和风险控制意识是保障机构稳健运行的关键因素。加强员工培训，特别是提高其对流动性风险和操作风险的认识，成为商业银行风险管理策略的核心组成部分。这种培训不仅包括基础的业务知识教育，更重要的是让员工了解这些风险的潜在危害，并教授他们如何在日常工作中识别和应对这些风险。例如，通过案例分析法，展示历史上因风险管理失败导致的金融事件，可以让员工直观地认识到风险控制的重要性。这种培训也包括教授员工如何使用先进的风险管理工具和技术，如风险评估模型和监控系统，以提高他们在实际工作中应对复杂情况的能力。

利用风险识别软件作为培训工具，可以显著提高员工对风险识别的准确性和效率。这种软件通常包括各种数据分析和模式识别功能，能够帮助员工在大量数据中快速识别出潜在的风险点。在培训中，商业银行可以举行模拟演练，让员工在控制的环境下使用这些软件进行风险识别和决策制定的实践。这不仅帮助员工熟悉工具的操作，也加深了他们对风险动态的理解。通过这样的实践，员工能够更好地掌握如何在日常工作中应用这些高科技工具来提升风险管理的质量和效率。加强员工培训和提高风控意识的措施，最终目的是实现从人控到机控的风险管理转变。在这个过程中，员工不仅要学习如何使用先进的风险管理工具，还需要培养如何依赖这些工具来做出更科学、更合理的业务决策的能力。这种转变不仅能节约人力资源，减少因人为因素引起的风险，还能通过提高操作的标准化和系统化水平，提升银行的整体风险管理效果。系统的培训和教育不仅提升了员工的个人能力，更提高了商业银行整体的业务质量和效率，为商业银行在竞争激烈的金融市场中保持竞争力提供了坚实的支持。

第三节　风险缓释工具与技术

一、对重要性银行加强监管措施

在银行间网络结构中，个别银行因其交易体量和连接的广度，成了系统性金融风险的潜在传播核心。根据《系统重要性银行评估办法》的要求，中国人民银行、国家金融监督管理总局开展了2023年度我国系统重要性银行评估，认定20家国内系统重要性银行。其中国有商业银行6家，股份制商业银行9家，城市商业银行5家。按系统重要性得分从低到高分为五组：第一组10家，第二组3家，第三组3家，第四组4家，第五组暂无银行进入。

这些银行由于与其他金融机构有着大量的同业交易，使得它们在银行间网络中占据核心地位。据研究，这些重要性银行的财务稳定性直接影响到整个银行系统的安全，因为一旦这些银行中的任何一个出现问题，如资金链断裂或破产，都可能迅速引发链式反应，导致广泛的风险传播。

为了应对这种潜在的系统性风险，2018年7月银保监会修订并发布了《商业银行流动性风险管理办法》，第二十五条提出了“对同业批发融资的按照总量和主要期限设定限额”的要求。这一政策旨在通过限制银行间同业交易的规模，防止过度依赖同业市场的资金融通，从而降低金融系统的整体风险。单靠限制同业金融业务的规模并不能根本解决问题，还需要深入了解驱动同业金融业务快速发展的根本原因，同时探索同业业务以外的新的业务模式和收入来源，以此来改善商业银行的资产负债结构。监管机构在制定策略时，应从多方面入手，重点监管那些在银行系统中具有重要地位的银行，确保这些银行的稳定运行，维护整个金融体系的健康和持续发展，牢牢守住不发生系统性金融风险的底线，保障国民经济和金融市场的稳定。为确保银行系统的稳定性和防范系统性风险，明确商业银行在金融体系中的地位，这需要通过细化并提高对商业银行的监管要求，并建立一个全面的银行风险管理框架来实现。具体来说，监管机构应制定具体的监管政策，针对银行业的不同功能和作用进行区分，确保每一类银行都有相应的风险管理措施和监管标准。监管框架应包括对银行资本充足性、资产质量、利润率、市场份额等关键指标的持续监控，以及对银行治理结构和内部控制系统的评估。这样的监管框架不仅有助于识别和缓解潜在的系统性风险，还可以增强银行业对外部冲击的抵御能力，从而维护整个金融系统的稳定性。

监管机构还应要求商业银行定期披露详细的财务和非财务信息。这种透明度的提高能够让监管机构、投资者以及其他市场参与者更好地了解银行的经营状况和风险水平。重要的监控指标包括资本充足率、流动性比率、贷款与存款比率、不良贷款比率等，这些都是评估商业银行健康状况的关键指标。实时有效的监控不仅有助于监管机构和商业银行及早发现问题，还可以在风险发生初期就进行干预，从而避免问题的扩散和恶化。通过公开透明的信息披露，银行也将受到市场的自然监管，即市场参与者的反馈和行为也将促使银行改进管理和业务操作，从而提高其风险管理能力。银行应定期开展压力测试，以评估其在极端经济情况下的表现能力。压力测试应覆盖多种场景，包括市场利率大幅波动、资产价格大跌、流动性干涸等情况，从而确保银行在面对这些极端情况时能保持稳定。提高压力测试报告的报送频率也是监管机构提高监管约束力度的重要手段。通过频繁的测试和报告，监管机构可以更有效地检视银行的风险状况和资本准备，及时发现问题并采取必要的干预措施，有效预防风险的积累和爆发。监管机构应根据不同年份的经济和市场条件适当调整监管指标，以更好地应对银行风险。这种灵活性是现代金融监管的重要特点，能够使监管措施更加符合实际情况，从而提高其有效性。例如，在经济衰退期，监管机构可能需要降低某些资本充足率要求，以避免过度紧缩信贷和加大经济下行压力。相反，在经济过热时，提高资本要求可以帮助冷却信贷扩张。通过这种动态调整，监管机构不仅可以更好地管理银行风险，还可以在一定程度上引导经济平稳健康发展。

二、健全对商业银行的救助机制

在金融系统中，商业银行之间通过复杂的信贷关系和同业往来紧密相连，构成一个互依的网络。这种结构在经济稳定时促进了资源的高效配置，但在危急时刻则可能成为风险快速传播的渠道。如果某商业银行由于外部冲击而倒闭，将直接影响到其债权银行，即那些向其提供贷款或信用的银行。这种影响表现为债权银行将面临资产损失，若这些损失超过了其核心资本的承受范围，债权银行也可能因此倒闭。即使损失没有达到这一致命程度，债权银行的资本充足率和流动性状况仍可能受到严重影响，从而削弱其信贷发放能力和整体市场信心。这种从一个倒闭银行到其他金融机构的风险扩散行为，被形象地称为银行间的风险传染效应，这种效应在没有适当干预措施的情况下，可能导致更广泛的金融市场不稳定，甚至触发系统性危机。监管机构应当迅速介入，对受冲击最严重的债务银行提供必要的流动性支持，以防止其资金链断裂引起更多的银行倒闭。可以考虑成立救助基金，由政府或金融机构共同注资，专门用于在危急时刻向受风险传染影响的银行提供短期融资支持。这种救助不仅可以限制单个银行危机对整个系统的影响，还能在保持金融市场稳定的同时维护广泛的经济利益。监管机构应当加强对银行间交易的透明度，提高监管的前瞻性和预警能力，以便在风险实质化前采取有效措施。通过这些综合措施，可以最大限度地减少单个银行的问题扩散到整个银行体系，从而保护国民经济免受更大规模的金融动荡。较低的违约损失率通常意味着单个商业银行的倒闭不会对整个银行体系造成显著的不稳定影响。当违约损失率上升时，一个商业银行的破产可能迅速影响到整个金融网络，增大系统性风险。监管机构采取干预措施以控制违约损失率至关重要。这可以通过严格的资本和流动性要求、监控大型贷款等措施来实现。监管机构可以根据金融网络分析识别可能在下一轮风险传播中倒闭的商业银行，并优先对这些商业银行进行救助，从而切断风险传播链，维护金融系统的整体稳定性。

自2015年5月1日起，中国正式实行《存款保险条例》，这标志着中国在维护金融稳定和保护储户权益方面迈出了重要一步。存款保险制度通过设立独立的存款保险基金管理机构，对银行存款进行保险，最大限度地减少储户因银行可能的失败而遭受的损失。该制度不仅增强了公众对银行系统的信心，还为银行体系提供了额外的安全保障，尤其是在经济下行或市场动荡期间。完善存款保险制度，如提高保险覆盖限额和调整保险费率，将进一步增强其作为金融安全网的效果。由于全球金融环境的不确定性增加，继续改进和扩展存款保险制度的功能至关重要。

中国银行业虽然尚未经历过系统性危机，但监管机构在处理潜在银行危机方面可以通过与国际组织如国际货币基金组织（IMF）合作，以及向其他国家的监管机构学习，来积累经验和知识。这种合作可以包括分享最佳实践、进行联合培训程序以及在危机模拟演练中互相支持。国际合作还可以帮助监管机构更好地理解全球金融市场的动态，预测潜在的风险点，从而制定更有效的防范措施。

三、提升商业银行抗风险能力

2018年7月，为进一步增强商业银行的流动性风险管理，中国银行保险监督管理委员会（以下简称银保监会）修订并发布了《商业银行流动性风险管理办法》，第二十八条提出了“商业银行应当加强同业业务流动性风险管理，提高同业负债的多元化和稳定程度，并优化同业资产结构和配置”的要求。此举意在减少银行间同业业务的期限错配行为，控制和减轻由此产生的流动性风险，确保银行面对危机时保持足够的流动性以应对突发资金需求。通过优化资产配置和加强负债管理，商业银行可以更有效地管理其市场暴露度，降低因流动性不足而引发的信用风险。商业银行还需通过加强内部风险评估机制、提升财务透明度和加强监管合规等措施，全面提升其整体的风险管理能力，从而确保其在面对金融市场波动时能够保持稳定和可持续的运营。

商业银行在开展同业金融业务时，要严格遵守国家资本监管标准，结合《巴塞尔协议Ⅲ》中对资本的具体要求，能够有效地提升银行的抵御风险能力。《巴塞尔协议Ⅲ》强调了高质量资本的重要性，特别是一级资本，这直接关系到商业银行在面对潜在金融危机时的稳定性。商业银行通过保持足够的资本充足率，不仅能满足监管要求，还能在市场波动或信用事件发生时保持运营的连续性。良好的资本基础使商业银行能够承受较大的经济压力而不至于倒闭，从而减少因银行破产引发的连锁反应，保护了整个金融系统的稳定。为增强银行应对各类金融风险的能力，商业银行应设立专门的银行风险管理部门，这一部门的主要职责是监控和管理银行面临的市场风险、信用风险、操作风险等，并制定相应的应对策略。通过专业团队的持续监控和分析，银行能够及时识别风险的早期信号，并迅速采取措施进行干预。风险管理部门也负责培养全行员工的风险意识，确保每位员工都能在其职责范围内识别和响应潜在的风险。通过内部培训和危机演练，商业银行可以提高员工在紧急情况下的反应速度和决策质量。通过设定具体的监控指标，如流动性比率、贷款损失准备金比率等，商业银行能够有序地跟踪其风险状况，并在达到预定阈值时启动预警机制。这些量化指标为商业银行提供了一个清晰的风险画像，有助于管理层做出更为科学和合理的决策。风险预警系统通过实时数据分析，可以在风险实际发生前提供预警，使商业银行有足够的时间来准备和实施风险缓解策略，从而有效降低潜在损失。商业银行还应该加大对存放同业、同业拆借及同业借款等的后期管理力度，如定期检查借款人的财务状况和还款表现，及时调整贷款条件或采取早期干预措施。这种主动的风险管理策略能够使银行在面对市场波动或借款人信用状况变化时，迅速做出反应，从而有效地控制和降低潜在的信用损失。银行应当不断探索新的业务发展机会和收入来源，以改善其资产负债结构并提高整体的投资回报率。这可以通过多元化其投资组合、开发新的金融产品和服务，以及进军新的市场领域来实现。

第四节　应急机制与连续性计划

在当今高度数字化的银行业务环境中，系统的安全性与业务的连续性管理成为核心焦点。为确保业务系统的稳健运行，技术部门和业务部门必须密切协作，采用以防范为主的策略。这一策略的实施主要围绕着预防措施的设计与执行，涵盖了网络安全、数据保护及访问控制等方面。为了应对可能发生的突发事件，如系统故障、网络攻击或自然灾害等，必须有专门的组织机构负责统一解决这些问题。这一机制不仅包括事前的风险评估和预防措施的设立，还涉及事中的快速响应和事后的问题解决。例如，安全团队应持续监控系统的运行状态，评估潜在的安全威胁，并制定相应的安全政策和程序，以降低风险发生的概率。

在确保银行业务连续性中设立应急恢复工作组，该工作组的职责是制订详细的应急计划，确保在发生重要业务进程和数据重大失效或灾难时，银行能够迅速恢复正常运营，从而减少业务中断带来的损失。制订应急计划时，工作组需进行全面的风险和影响分析，明确灾难发生时关键业务和系统的恢复优先级及时间要求。这包括重要服务器、网络设备、通信线路及软件系统的备份和恢复策略等。例如，通过建立冗余系统和备份中心，确保关键数据和应用程序可以在任何情况下迅速恢复。应急计划还应包含对不同灾难情景下的应对策略，确保每一种可能的风险都有相应的预案，以及定期的演练来测试这些预案的有效性。定期的实地演练是检验应急计划有效性的关键步骤，也是提高员工应急响应能力的重要方法。通过模拟不同的灾难和紧急情况，商业银行可以验证和优化现有的应急流程，确保在实际发生灾难时，各部门能够按照既定流程迅速、有序地行动。保持备份设备的完好并随时待命也是确保快速恢复的重要环节。这不仅涉及物理设备的维护，也包括数据的定期备份和更新，确保在任何时间点上，商业银行都能够访问最新和完整的数据和资源。通过这些综合措施，商业银行能够有效地管理和控制业务运行中的各种风险，保障银行业务的连续性和客户服务的稳定性。

一、应急反应工作组的建立原则

应急反应工作组应由业务部门和科技部门的相关人员组成，并采取组长负责制。这种组织结构确保了决策的快速性和执行的高效性，因为组长作为决策者，能迅速调动资源和指导团队应对紧急情况。工作组成员应由专业技术人员与业务人员组成，保证团队在技术和业务两方面都能熟练应对突发事件。例如，技术人员需掌握最新的信息技术和系统维护知识，业务人员则需了解公司的运营流程和客户服务标准。这种多领域能力的结合是确保工作组在各种突发事件中能够高效地进行问题解决的关键。

每位成员不仅需要具备出色的个人能力，还应具有良好的团队合作精神。在紧急事件发生时，所有成员都应能够全力以赴，服从领导的安排，共同协作解决问题。这要求每位成员不仅要明确自己的职责和任务，还要在压力下保持冷静，与团队其他成员进行有效沟通，共同制定解决方案。例如，当网络系统遭受攻击时，技术人员需要迅速评估问题并寻求解决方案，业务人员则需要处理客户关系和通信任务，确保客户对紧急情况的响应得到妥善管理。在应急反应工作组的人员配备上还需要充分考虑备份方案，特别是对于关键性岗位的双人备份策略。这是为了确保在关键人员因故无法履职时，仍有能力相当的人员可以立即接替，保障紧急操作的连续性。在实际操作中，这通常意味着对关键岗位进行双重配置，如两名系统管理员、两名网络安全专家等，他们将接受相同的培训并了解相同的工作流程，以便在一方缺席时，另一方能够无缝接管工作。这种人员冗余的策略，虽然增加了成本，但在保障关键业务持续运行和减少潜在损失方面的作用是无可替代的。通过这些策略的实施，应急反应工作组能够在各种突发事件中迅速、有效地应对，最大限度地减少事件对商业银行运营的影响。

二、应急反应工作组职能

应急反应工作组的首要职能是根据业务的特定需求来确定业务系统的应急策略，并制订相应的应急计划。这一职能要求工作组成员不仅需要对业务系统有深入的理解，还必须具备预见潜在问题的能力。具体来说，工作组需在日常运营中不断评估和分析业务流程，识别那些可能导致系统中断的关键点，并为这些关键点设计详细的应急响应措施。如果某个业务系统对数据库的依赖度极高，应急计划中就应包括数据库故障的快速恢复方案。应急策略的制定还应考虑到系统的实用性和数据的完整性要求，确保在紧急情况下，关键业务能够持续运行或迅速恢复，从而保护企业免受重大损失。

在事件发生时，应急反应工作组的另一个关键职能是组织相关人员迅速排除故障并恢复系统。这要求工作组在平时就必须建立快速反应机制，确保所有成员在危机发生时能立即被动员起来，快速定位问题源头并实施解决方案。例如，工作组可以设立 24 小时值班系统，确保任何时候都有专人监控系统运行状态，并在问题发生时第一时间响应。恢复工作也需要依靠事先准备好的技术手段和工具，如备用服务器的快速启动、数据的迅速迁移等。通过这些措施，工作组能够最大程度地缩短系统中断时间，降低因系统故障而带来的负面影响。应急反应工作组还必须负责平时的监督检查和定期培训。监督检查主要是确保所有应急措施都已经就绪并可随时投入使用，如检查备份系统的运行状态、审查恢复流程的有效性等。定期培训和演练则是为了确保所有相关人员都熟悉应急流程，能在危机发生时迅速而准确地执行应急计划。工作组还需要每年对系统的应急策略和应急计划进行测试和评审，及时发现计划中的不足并进行必要的修订，以适应新的业务需求和技术发展。这种持续的优化过程是确保应急响应工作组能够在各种突发事件中有效运作的关键。通过这些综合性的职能实施，应急反应工作组为商业银行提供了坚实的安全保障，显著提高了商业银行抵御风险的能力。

三、定期修改应急计划与措施

随着商业环境的快速变化和技术的不断进步，银行的业务系统变得更加复杂和庞大。这种复杂性不仅提高了业务效率，也大大增加了系统潜在的风险，特别是在面对突发事件时的恢复能力。应急反应工作组必须定期对现有的应急计划与措施进行审计和评估。这一过程包括检查当前的恢复措施是否能够涵盖系统的所有关键组成部分，如硬件、软件、网络和数据。在审计过程中，工作组需要详细检查每一项资源的备份和恢复协议，确保遇到系统中断时，可以迅速且有效地恢复所有功能。审计还应评估应急措施的执行效率，即在实际操作中能否按照预定计划快速恢复业务操作，确保关键业务的连续性和数据的完整性。由于商业银行业务的持续扩展和技术更新换代，原有的应急计划可能无法满足新的业务需求。应急反应工作组需对应急计划进行定期的更新。这包括整合新的技术解决方案，如云备份、虚拟化恢复技术等，以增强系统的灵活性和恢复速度。当前业务范围的不断扩大，原有的应急资源可能不足以支撑新增的业务量，因此必须及时调整资源配置，如增加备份服务器的数量、扩大数据存储容量等。新的威胁和风险也会出现，如网络攻击的手法日益高级，工作组需不断引入新的安全措施，以防范这些新兴的风险。

为确保应急计划的可行性与高效性，应急反应工作组要定期组织演练和培训活动，通过模拟不同的灾难情景，测试应急计划在实际操作中的执行情况，可以有效地发现计划中存在的漏洞和不足，及时进行调整。定期的培训可以确保所有相关人员熟悉应急程序和操作，提高整个团队在真实情况下的响应速度和处理能力。通过与其他部门或外部机构的合作，如 IT 服务提供商、专业恢复团队等，可以进一步提升应急计划的实战能力，确保在面对各种复杂和严峻的挑战时，商业银行能够保持稳定运行，最大限度地减少潜在的损失。

四、定期测试应急恢复策略

定期测试应急恢复策略不仅可以检验应急恢复计划的实用性和执行的有效性，还验证了计划中各项技术和流程的可行性。在实施过程中，商业银行应模拟各种可能的故障和灾难场景，从单点故障到全面系统崩溃，确保每一种情况都能得到适当的响应和处理。通过这些演练，可以发现计划中可能存在的漏洞和不足，如备份数据的不完整性、恢复过程中的时间延迟问题等。定期测试也可以评估和优化资源配置，确保在真正的危机情况下，关键资源能够得到最有效的利用。通过模拟实际操作环境下的应急响应，团队成员可以在无风险的条件下练习其技能和职责，从而在真实情况发生时能够更加自信和有效地执行任务。这种训练不仅能帮助新成员快速了解和掌握他们的角色和职责，也让经验丰富的成员有机会更新他们的知识和技能。为了提高测试的实效性，应急恢复测试应包括不定时的突击测试，以模拟真实世界中无预警的灾难发生情况，进一步增强团队的应变能力。

定期进行应急恢复策略测试的目的是确保在任何紧急情况下，商业银行都能够以最快的速度恢复正常运营，将损失和影响降至最低。这不仅需要银行持续投入资源进行技术更新和人员培训，也需要对测试结果进行严格的评估，并根据评估结果不断调整和完善应急恢复计划。通过建立一个全面、灵活且可持续的应急恢复体系，商业银行不仅能够保护自身免受突发事件的严重影响，还能在激烈的市场竞争中保持强大的复原力和竞争力。

五、定期进行应急恢复培训

为了确保应急反应工作组成员能够及时有效地响应各种突发事件，

要定期进行针对性的培训。这种培训涉及从理论知识到实际操作技能的全方位教育，包括对新引入的恢复技术的解释、更新后的操作流程的演示以及在模拟环境中的实践演习。通过这些培训，每位团队成员不仅能够理解他们在应急计划中的角色和责任，而且能够熟练掌握具体的故障恢复步骤和技术，从而在实际发生故障时能够迅速且准确地执行恢复任务。培训的内容应详细到每个环节可能出现的具体故障和对应的恢复操作。如果某一部分的服务器发生故障，成员需要知道如何快速切换到备用系统，以及如何处理相关数据从而保证信息的完整性和一致性。培训应包括故障诊断、问题解决、数据备份与恢复等多个方面。通过对这些具体情景的深入讲解和实际操作演练，可以确保每一位成员都能在遇到真实故障时，做到心中有数，迅速响应。这种针对性和实操性的培训有助于提高整个团队处理紧急情况的效率和效果，显著降低因操作不当或响应迟缓引起的风险。

定期的应急恢复培训还包括对整个系统的全面检查和测试。通过这种定期复审和演练，不仅可以检验团队成员的操作熟练度，还能测试现有应急计划的有效性和实用性。在这些演练中，通过模拟不同级别和类型的故障，可以检验团队的响应时间和恢复效果，据此评估和优化应急计划。

第五节　内部控制与合规文化的建设

一、完善组织架构以构建专业化经营管理体系

（一）整合并建立同业金融业务专营部门

为提升商业银行同业金融业务的效率与风险管理，部分金融机构对业务部门进行重组与整合，通过创建一个中心化的资金运营中心，统一

管理与协调各类同业业务。新设立的资金运营中心将承担全行同业投资业务的管理和运营职能，实现业务职能的统筹合并。这种结构调整有助于减少银行内部交易的信息成本，提升同业业务的专业化和协同效率。通过归口管理同业投资业务，能够有效增强银行的风险投资管理能力，确保资金的合理配置与风险的有效控制，从而达到优化资源、增强市场竞争力的目标。

为了提高商业银行同业金融业务的风险管理效率与合规性，建议重新配置审批流程，取消各业务部门独立审批人的审批权，改由授信审批部的审贷官负责授信审查。此举可以实现业务审批的集中化，增强监督和风险管理的严密性。合理设置部门内部的岗位职责，确保投前、投中、投后的相互制约机制得到有效实施。在具体操作中，应梳理并明确相关岗位的工作标准，特别是设定融资主体各类经营指标的风险信息披露时点要求。对于关键岗位，如风险调查岗，实施双人交叉复核机制，以减少道德风险的发生可能，增强整体风险防控的可靠性。

为了确保信息的准确性与及时性，商业银行应全面运用内部格式化工作底稿和强制录入管理系统。这种做法确保了从管理人员到普通员工都能在其授权范围内全面掌握同业投资业务的相关信息，为风险分析和决策提供充分的判断依据。另外，应畅通向银行高层管理报告的路径，确保在遇到重大风险事件时，能够第一时间作出干预或止损决策。通过这种上级快速响应机制，可以及时处理潜在的风险问题，防止风险的进一步扩散，维护银行及客户的利益。

（二）优化业务数据统计监测系统

董事会与监事会应委派风险管理委员会对业务管理信息系统进行全面整合，以提升信息管理的效率和准确性。这包括梳理和完善各类业务的电子化台账，通过这种整合，打破业务板块间的数据壁垒，实现系统化的业务集中审批模式。这种集中化的审批模式能够确保信息流的连贯性和完整性，从而提高决策的速度和质量。加快同业金融业务信息系统的建设是必要的，这不仅涉及从业务发起到档案管理的全流程记录和查询，还包括系统控制的完善。充分利用信息科技的支持作用，可以确保业务流程的清晰可查和风险信息的公开透明，从而在业务执行过程中实现高效率与高透明度。

实现授信与用信数据的联通，并强制录入风险性指标到系统中，在行内进行共享，这有助于提高风险管理的一致性和连续性。对于系统中录入的风险信息，定期进行换人交叉复核，是保证信息真实性的重要措施。这种复核机制能有效防范道德风险，保障风险管理的客观性和公正性。通过系统预警机制，可以对关键风险指标进行实时监控，如对关注类同业交易对手融出余额、AA级及以下中低评级债券占比进行严格控制，这种预警系统能够在风险发生前提供必要的警示，从而采取相应的风险缓解措施。在投后监控方面，重点应放在授信使用情况与信用风险状况的监测上。及时发出风险提示，进一步盘清和暴露风险底数，对于维护财务稳定和防范风险累积至关重要。对可供出售金融资产账户建立健全的止损机制，实现对融资人和担保人的经营情况、货款回笼情况、融资变动情况、抵（质）押物的市值变化情况、付息情况等动态跟踪管理，是确保投资回报和降低潜在损失的有效策略。通过这些系统化的跟踪管理措施，可以实时评估资产表现和风险状况，从而使决策更加科学和精准。

（三）持续增强各层级风控作用

1.增强行内统筹管理效果

清晰界定“三会一层”的职责边界和决策程序，对于高级管理层的职业规范及问责条款的制定，是确保决策过程透明和高效的基础。独立董事在对重大事项的判断上需保持独立性与客观性，这对同业投资业务风险管理的有效性进行定期评估至关重要。赋予监事会开展履职评价的充分手段和技术水平，这不仅提高了业务监督的深度、广度和力度，还有助于整个组织在遵守法规和内部政策方面的持续改进和优化。通过这些综合措施，可以有效地提升机构的管理质量和业务执行能力，保障金融操作的安全性和有效性。

2. 强化部门间监督约束功能

强化部门间监督约束功能可以通过充分发挥风险管理、合规和审计等相关职能部门的作用来实现。运用全面排查、专项排查、定期排查、日常排查、飞行排查等多种形式，可以有效地监控和审查违约率较高的同业投资业务。对于查实的违规操作问题，制订整改计划是必要的步骤，其目的在于防止同类投资错误的再次发生。建立投资分析周会制度，结合用信审核与投后管理，不仅增强了风险预警和额度控制，还有助于合理制定风险应对策略和退出时间表，从而加强投资决策的科学性。

3. 不断提升部门内部岗位制衡效果

在金融机构的运营中，优化部门内部岗位需要规范业务管理制度，以保障高效化运营流程的实现。具体做法包括坚持前、中、后台岗位的严格分离，这一措施有助于明确不同业务环节的责任，减少潜在的利益冲突。日常的资产管理及维护工作也需要持续加强，以确保资产的安全和效益最大化。在同业投资业务流程中，引入“信用审查岗”可以实现岗位间的相互制约，这种制约机制有助于避免逆向选择的风险，即选择那些可能带来高风险的投资标的。通过这些策略的实施，可以在一定程度上减少因管理不善引起的金融风险。

（四）加强专业化人才队伍建设

金融市场对于高素质专业人才的需求日益增加，这不仅包括投资和研究人员，还包括能够在风险控制和业务运营方面提供支持的专家。中小商业银行可以考虑引入具有较长金融市场发展历史和较为健全风控机制的国内外银行业战略投资者。他们的加入有助于建立一个现代化的同业投资业务风控体系，为银行带来创新的思维和管理经验，从而提高业务的整体效率和安全性。

为了加强同业投资交易的专业化，建议构建一个通过“内培外引”的人才梯队。这包括强化在职员工的培训和从同业金融业务较为发展的大中型商业银行聘请经验丰富且具有良好职业道德的专业人才。通过这种双轨策略，既可以利用外部的新鲜血液来刺激内部的创新和进步，也能保持和提升现有员工的专业技能和业务理解。通过这些措施，可以有效提高专业人才的满意度和留存率，从而增强团队的稳定性和业务的连续性。建议定期对从业人员进行高层次业务培训，并支持鼓励员工及高管参加金融市场领域的高端论坛和交流活动。这种持续的教育和交流有助于深化员工对宏观经济和金融市场的理解，同时建立系统性的风控思维习惯。通过这些交流、培训，员工可以及时了解并掌握行业动态，提高其对市场变化的敏感度和投资决策的准确性。加强这种类型的专业培训和实时信息交流是确保金融机构能够适应快速变化的市场环境和增强竞争力的关键因素。这不仅有助于个人的职业发展，也为机构带来更为稳定和专业的投资业务运作。

二、管理制度推陈出新以持续补充风险处置内部规定

（一）制定风险隔离制度

出台风险防控能力提升规划，认真梳理现有业务管理制度，寻找并修补内部管理的漏洞，确保内部控制体系能够与监管要求、金融市场的新情况以及银行自身的经营发展保持同步。通过这种方法，风险管理委员会能够确保所有管理细则都能够反映当前的市场环境和内部战略需要，从而提高制度的适应性和效率。提高同业投资专营部门的汇报层级是改善银行内部结构的关键举措。在银行管理规章中明确规定，负责同业业务条线的分管行领导不得同时分管风险管理相关部门。这一措施通过严

格实施不同业务条线的风险隔离，最大程度地减少因利益冲突带来的业务干扰，提高投资决策的独立性。这种组织结构的调整是确保业务条线之间清晰界限的必要步骤，它有助于减少内部冲突并提升决策的客观性和公正性。

在通道类业务方面，对存量业务进行全面排查，确保业务执行过程中严格履行风险管理职责，掌握底层资产信息和实际风险。对于出现风险预警信号、存在潜在风险隐患和违法违规行为的合作机构，应及时终止合作，从源头防范交易对手的风险。这一措施不仅是保护商业银行免受未预见风险的关键，也是维护银行声誉和客户资金安全的必要步骤。通过这种主动的风险管理策略，商业银行可以更有效地控制和缓解潜在的负面影响，确保业务的持续稳定运行。

（二）强化风险分类管理

同业投资业务在现代金融市场中扮演着重要角色，商业银行应定期监测同业投资业务市场动态，实施每日监测各类市场风险限额执行情况。这一措施使银行能够及时分析和研判市场形势、价值波动及外部冲击对持有资产的影响。在此基础上，严格做好投资资产的风险分类，并对不同风险类别的资产实施差异化管理。这种综合性风险管理策略，不仅有助于商业银行更好地应对市场变化，还可以通过精细化管理降低潜在损失，提高资产管理的效率与安全性。针对存量业务，银行需要通过公开市场信息监测加强风险预警系统。对于出现负面舆情的交易对手和融资主体，及时提醒业务部门采取有效风险防范措施，是避免风险蔓延的关键。在风险暴露之前抢抓处置先机，及时做好风险化解，是确保银行资产安全和增加反应时间的重要策略。对于具有潜在风险的投资资产，建立存量风险资产台账，并实行问题整改销案制，跟踪进度、明确时限，逐步压缩债权融资工具、信托计划与理财直接融资工具的资产规模，这些都是精确控制风险和优化资产结构的有效手段。在处理风险完全暴露且彻底失去流动性的资产方面，银行应制订不良资产处置计划，通过发行人重组、诉讼，督促主承销商或非标资产管理人采取法律手段等方式进行处理，拓宽处置渠道。建立健全不良金融资产处置尽职检查监督制度，加大不良资产的处置力度，实现投资损失最小化。这些措施不仅提高了资产的回收率，还增强了整体风险管理的有效性，保护了投资者和商业银行的长期利益。通过这些综合性的策略，商业银行能够更加有效地管理和缓解风险，确保其资金的安全和资产的稳定增值。

（三）足额计提资产拨备

通过加强负面信用信息和舆情监测、运用，可以提升风险识别水平。及时根据涉险资产的产品特点和风险状况足额计提资产拨备，是对潜在风险进行有效管理的方法。从严判断实质性风险，并提前足额计提拨备，不仅增强了投资风险抵御和损失吸收能力，也确保了银行能够在面对不确定性市场环境时保持财务健康。对特定目的载体的投资资产要增提拨备，这种策略旨在增强银行同业投资业务的损失吸收能力，加强风险缓释；已违约和承担实质性风险的资产要全额计提减值准备，通过这些措施，切实提升风险治理水平，确保金融机构能对内外部风险做出迅速而准确的反应。

在表内投资类资产中，底层配置了多项资产的债权投资需要进行穿透分析底层资产的信用风险状况。通过对资产组合估值进行风险分类，金融机构能够更精确地管理和预测潜在的财务波动。根据资产风险分类结果，对应不同风险等级的会计科目进行核算，准确计量风险并计提风险资产与拨备。在财务报表中客观揭示投资资产的风险价值，避免因风险暴露的滞后性，造成财务指标失真，从而误导对经营业绩的判断。这种方法不仅提高了财务透明度，也增强了风险管理的系统性和预测性，帮助金融机构在复杂多变的市场中稳健操作。

金融机构还应强化内源性资本来源，稳定资产质量，提高盈利能力。

增加内部留存作为资本补充，可以考虑发行永续债等一级资本补充工具，优化资本结构，增强风险抵御能力。通过这些措施，持续建立并完善资本补充的长效机制，不仅保证了金融机构对抗未来不确定性的能力，也为其长期发展提供了坚实的财务基础。这种综合性的资本管理策略，是现代金融机构适应全球市场竞争和内部风险管理的关键，确保了其在面对全球经济挑战时的稳定性和持续增长能力。

三、健全考核体系以降低业务条线员工的道德风险

（一）增加合规类和风控类指标考核比重

商业银行应当在充分评估自身的风险现状和大额风险暴露的基础上，适度且合理地设定内部授权体系。具体而言，董事会对行长的授权及行长对副行长、独立审批人的转授权，应当根据业务品种的风险程度及交易金额等要素实行逐级授权。这种做法有助于维护一个良好的权力制衡机制，通过构建严格的内部控制体系，转变“唯业绩至上”的经营理念，从而为合规稳健经营提供制度保障。改进绩效考核指标体系也是确保长期稳定发展的关键，它能够促进员工在遵守规章制度的同时激发其追求业绩的积极性。严格遵循风险控制能力与业务水平程度相匹配的原则，是金融机构稳健运营的另一重要方针。商业银行应严禁通过投资信托、资管产品等方式规避宏观调控政策、产业政策和监管要求。提高标准化资产投资占比，降低风险暴露水平，是应对潜在风险的有效策略。这种系统性的风险管理和资产优化策略，不仅有助于商业银行保持财务健康，还能增强其市场竞争力和抗风险能力。

改变长期以来以规模为导向的经营文化，向效益、效率与合规并重的方向转变，是当前金融行业发展的必然趋势。建立以风险文化和合规文化为导向的考核体系，合理设置风控类指标与绩效考核的对应关系，开展科学量化评估，强化风险管控力度；及时梳理监管部门关于同业投

资业务相关合规性文件要求，将各项监管合规性指标全面纳入银行内部的考核体系。通过调整效益类指标考核权重，商业银行可以确保其操作不仅符合外部规定，也能实现内部长远发展的需求。这种综合考量下的策略调整，将为商业银行的可持续发展提供坚实的基础。

（二）加强投资损失追责力度

为了完善企业治理结构和提升责任意识，进一步完善“三会一层”及董事、监事、高管履职能力的考核评价和问责措施是必要的。持续地完善和理顺问责机制，是推动问责常态化、制度化落地的核心。考核体系需要同时体现正向的物质激励和反向的处罚问责措施，确保“两手都要硬”的原则得以执行。通过这种方式，不仅能激发员工的积极性，还能确保对违规行为的有效遏制。实施这种全方位的考核和问责措施，能够明确每个层级的责任，增强整个组织的透明度和责任感，这对于构建一个健康、合规的企业文化至关重要。

在具体操作中，对每笔投资损失进行详细分析，客观界定投前、投中及投后相关人员及有权审批人的工作责任是关键步骤。这种责任认定基于实际操作的精细分析，保证了问责的公正性和适当性。严格按照制度和流程审慎作出问责决策，确保每一步决策都有充分的依据和透明的处理流程。除了针对具体业务扣减绩效收入、提高罚款金额，还要建立员工合规档案，对初次违规和重复违规实施区别化对待。这种做法确保了问责措施的合理性与有效性，增强了制度的威慑力，同时提供了改进和预防未来违规行为的基础。对于发现的重复违规问题，必须严格按照从发起、准入、审核、审批等顺序逐级落实责任，严肃问责追责。确保问责过程中不会出现只问下不问上、以经济处罚代替纪律处分、扣减积分绩效代替内部问责等情况。若查实存在主观性违规操作事实，即便该行为发生在产品存续期内，且最终未发生实际投资损失，也要给予较重的处罚和问责，尤其对未如实披露风险信息等违反职业道德的行为要“零容忍”。

（三）放缓业务考核奖励发放时间

优化薪酬递延制度，提高延期期限的灵活性，并确保延期期限与业务期限的一致性，是当前金融机构管理改革的关键策略之一。此举意在使高管及相关业务流程关键员工的薪酬更加与其长期业绩挂钩，以此激发其对公司长远发展的承诺和责任感。特别是将高管及相关业务流程关键员工的可变薪酬延期支付比例提高至40%及以上，这一策略不仅强化了对高层管理人员的激励与约束，还确保了即便在员工正常流动的情况下，也不可提前兑现考核奖励。这种制度的设计，旨在建立一个更加公正且能够反映员工真实业绩的薪酬体系，从而降低因短期行为导致的潜在风险。

对于在日常经营中发现的违反投资管理规定和投资原则的行为，金融机构可以采取扣除绩效工资的手段进行惩戒。此措施不仅对犯错者有立竿见影的惩戒效果，还对其他员工具有强烈的警示作用，有助于培养员工遵守规定的意识和提高其投资决策的质量。对由于投资经验不足导致判断失误造成的投资损失，也应当将其反馈到绩效考核计算系统中。在造成重大损失的情况下，应限制或停止其绩效发放，通过这些措施全面构建一个激励程度与投资绩效相适应的考核框架。这种考核框架不仅能够有效地减少高风险投资行为，还能提升整体的投资管理水平。

对于已发生的投资损失情况，应倒查所有业务经手员工和审批责任人员，分别扣减其绩效收入，以实现其可变薪酬收入与实际投资收益的完全挂钩。这种做法不仅确保了责任与收益的一致性，还促使高管及员工在投资风险发生后，积极寻求风险资产的快速处置，从而减少投资损失。通过上述措施完善考核体系，可以有效减少高管和员工的短期行为和投机冲动，确保其投资行为符合商业银行经营的长远利益。这种系统的优化不仅提高了金融机构的风险管理能力，还强化了内部控制机制，提升了整体的业务运行效率和财务稳定性。

第六节　提高业务流程效率的策略

一、投前严格同业交易对手名单制管控

商业银行需要重新审视和调整同业授信的标准和限额，通过严格的准入门槛和交易对手的授信上限来加强风险控制。在具体操作中，商业银行应该根据交易对手的资本充足率、资产质量、盈利能力、市场声誉等多个维度进行综合评估，进而制定相应的授信政策和限额。商业银行应建立完善的量化评估体系，对同业交易对手实施动态管理，包括定期的风险评估和必要时的退出机制，确保交易对手的风险等级和银行业务发展战略保持一致。通过这种方法，商业银行不仅能够有效管理交易对手风险，还能通过风险分散减少单一或集中风险的发生。商业银行应该通过建立和完善同业交易对手名单制管理来进一步强化授信分类政策的执行。在这个过程中，重点是加强对同业交易对手的高频监测，及时将监测结果反馈至相关部门，确保业务规模和交易对手的风险在可控范围内。同业交易对手的评估不仅要考虑其财务健康状况，还要关注其业务运营模式和市场行为，确保其业务活动符合商业银行的业务政策和风险承受能力。通过这种分类授信和风险管理策略，银行可以对风险敞口进行更精确的控制，同时提高对高风险交易对手的管理效率。为了进一步降低风险和加强授信门槛，商业银行应该在同业授信管理中实施更为严格的政策。这包括明确禁止对低评级资产的投资，特别是对非标投资和中低评级债券投资的明确禁止。对于存在负面舆情或其他风险信号的交易对手，应严格执行禁止准入的政策，限制其交易活动，防止潜在的信用风险转移至银行。建立和维护一个同业授信“白名单”客户准入机制，动态调整授信名单，以集中核定的方式管理同业授信申请，从而减少因管理不善导致的违约风险。通过这些措施，商业银行能够在确保同业金融业务增长的同时有效管理和控制潜在风险，保持金融市场的稳定与健康发展。

二、投中全面落实统一授信扎口管理

商业银行应当严格按照“实质重于形式”的原则，进行资产管理计划的穿透分析，直至底层的最终债务人。这种方法不仅透明化了资产管理的各个层级，还有助于确保授信资源的合理分配，避免同一债务实体在不同的资产管理计划中出现重复授信或过度授信的风险。商业银行需要建立统一的授信扎口管理系统，有效防止多头授信现象，确保授信过程的公正性和透明性。商业银行应加强对企业关联关系的识别工作，防范由于关联关系不透明引发的隐性风险。在授信准入阶段，必须严格筛选并确定符合集团客户特征的企业，深入研究其市场表现和风险水平。实时监控市场风险信息和信用状况的变化，对融资主体的授信额度进行动态调整，增强信贷管理的灵活性和响应速度。这种动态调整机制有助于商业银行迅速响应市场变动，优化信贷资源的配置，从而在保持市场竞争力的同时降低潜在的信贷损失。商业银行应严禁与未经授权授信的交易对手进行合作，或者在超出授信额度的情况下与交易对手进行合作。根据信用主体的资质和评级差异，规定明确的授信集中度限额，对单一客户融资比例过高的交易对手及存在明显风险的交易对手，应坚决进行授信额度的压降或终止新增授信，从而严控银行的授信敞口。通过这些严格的措施，商业银行能够有效地管理和控制信贷风险，保持信贷业务的稳定与安全，支持银行业的健康发展。

在当前金融市场环境中，商业银行的资产管理策略需要高度注重资产的安全性与收益性的平衡。商业银行在进行同业投资时，必须严格按照授信要求实施，优先考虑资产的安全性，确保所投资的资产具有高质量和低风险性。商业银行应优化投资组合，通过提升标准化资产的占比和主动投资管理能力，实现对存量资产的高效管理。这不仅涉及对现有资产结构的优化，还包括对资产配置进行动态调整以适应市场变化，从而有效分散投资风险，增强资产的市场适应性。

商业银行应在全面考虑市场导向的基础上，调整和优化投资策略。随着金融市场条件的不断变动，商业银行需要灵活地调整其资产配置，以提升整体投资组合的收益。这要求商业银行在投资决策中充分考虑到市场趋势和潜在风险，通过科学的市场研究和风险评估，确保每项投资决策都基于充分的市场分析和准确的风险控制。通过持续的投资结构优化和积极的市场调整策略，商业银行可以在保障资产安全的前提下，实现资产组合的收益最大化，有效提升商业银行资产管理的整体效率和收益水平。

三、投后定期风险监测跟踪

为有效管理同业投资业务的各环节风险，商业银行必须进一步完善其投后管理模式，确保业务运行的稳健性。商业银行需要明确各相关部门及其岗位的职责，将日常管理、风险监测、风险检查、风险预警以及重大事项报告和风险处置的具体要求细化到实际操作层面。这包括但不限于设立专门的风险管理小组，负责定期对同业投资业务进行全面审查，确保所有业务活动符合商业银行内部规章及外部监管要求。建立一个全面的信息反馈机制至关重要，它可以帮助商业银行及时了解业务执行中的任何异常情况，并采取必要的措施以防范潜在风险。

对于处于业务持续期的合作同业机构，商业银行需要对其信用状况实施定期跟踪，包括资金运用情况、信用状态、经营状况以及外部经济环境等方面的全面评估。这种持续的监控不仅限于财务表现，还应涵盖更广泛的业务风险因素，如市场变化、政策调整及其可能带来的影响。基于这些评估结果，商业银行应及时调整与这些同业机构的信用级别和投资额度。这种动态调整机制将帮助商业银行适时地应对和管理投资中出现的任何负面变化，保持投资组合的健康状态，确保银行资本的安全与增值。为确保商业银行同业投资业务的安全性和透明度，必须积极整合和利用现有的公开市场信息资源。通过与第三方信用评估机构合作，商业银行能够实时获取和分析用信主体的信用风险。这种合作不仅限于数据的收集，更包括对数据的深度解析，以识别潜在的信用风险。商业银行应规范投后检查备案表的信息披露格式，增强风险指标的监测与披露，提升信息透明度。这些措施将帮助商业银行及时发现风险并采取适当措施以防范可能的金融风险。

商业银行需要主动调整存量投资结构，特别是降低特定目的载体投资业务的规模和比例。这涉及密切监控发行人的兑付计划和底层资产融资主体的债务违约风险。对存在潜在风险的资产，业务部门应增加跟踪报告的频次，对出现负面信号的融资主体，在市场风险信息扩散前及时采取风险防范措施。商业银行应定期更新禁投资产名录，并要求持仓部门建立存量风险资产台账，明确责任人，制订逐户压降计划，实行“一户一策”策略，以有效化解风险。对于风险分类可能继续向下迁移的资产，商业银行应提前制定详细的处置预案。这要求商业银行不仅要监测当前的市场条件和信用风险状态，还需预测未来可能的市场变动，并在适当时机采取行动，避免错过处置时机而扩大市场风险。商业银行应该通过建立系统性的风险管理框架，不断优化其风险评估和管理流程，确保能够迅速应对金融市场的变化，保护其客户的利益免受未预见风险的影响。

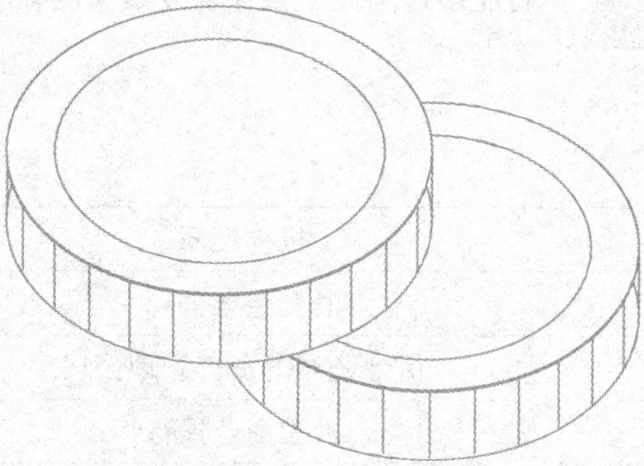

第七章　商业银行同业负债策略

第一节　同业拆借、同业存款及逆回购等策略分析

一、同业拆借策略分析

单从同业拆借市场的数量来看，截至 2024 年 7 月 3 日，我国银行间同业拆借中心成员合计 2478 家，其成员类型统计情况见表 7-1。从表中可以看出，我国已形成了以银行为核心、成员多样的同业拆借市场。

表7-1　同业拆借市场成员统计

机构性质	最新成员数
政策性银行	3
股份制商业银行	19
民营银行	19
农村信用联社	264
证券公司	106
财务公司	236
汽车金融公司	24

续 表

机构性质	最新成员数
消费金融公司	30
保险公司的资产管理公司	5
大型商业银行	7
城市商业银行	131
农村商业银行和合作银行	1301
外资银行	126
保险公司	58
信托投资公司	65
金融租赁公司	66
资产管理公司	5
境外人民币清算行	10
其他	3

数据来源：全国银行间同业拆借中心。

注：以上统计不包括已经退市的市场成员；已经申请加入银行间市场但还未完成联网手续的市场成员。

（一）市场特点

银行间同业拆借市场是金融市场中的一个关键组成部分，其核心特征之一是短期性。同业拆借交易通常涉及的期限短暂，如 1 天、7 天、14 天、21 天、3 个月或 6 个月。这种短期性质使商业银行能够灵活管理其短期资金需求，从而优化资金的使用效率，应对日常的流动性需求或临时的资金缺口。短期拆借提供了一种高效的资金调节手段，使商业银行能够快速响应市场变化，维持流动性的稳定。同业拆借市场的短期性也减少了长期贷款的信用风险和市场风险，商业银行可以通过频繁地调整和优化资金配置来降低潜在的财务压力。

高度灵活性是银行间同业拆借市场的另一个显著特点。银行可以根据自身的资金状况、流动性需求和风险承受能力自主决定进入或退出同业拆借市场。这种灵活性体现在银行既可以作为资金提供方，也可以作为资金需求方，根据自己的资金余缺情况选择适当的交易对手和交易条件。例如，一个面临暂时性资金紧张的银行可以通过同业拆入（借入资金）来补充短缺，资金充裕的银行则可以通过同业拆出（借出资金）获得额外的利息收入。这种机制不仅提高了资金的使用效率，也增强了商业银行对市场变动的适应性和整体金融市场的稳定性。

市场化定价是银行间同业拆借市场运作的另一基础特征。同业拆借的利率并非由单一机构设定，而是在自由竞争和市场供需关系中形成的。这意味着同业拆借利率受到多种因素的影响，包括市场上的资金供求状况、中央银行的货币政策以及市场对未来经济和政策变动的预期。例如，在经济扩张期间，商业银行的资金需求增加，可能推高同业拆借利率；相反，在经济衰退时，利率可能因资金供过于求而下降。这种市场化的利率机制使得同业拆借市场能够灵敏反映经济和政策的变化，对维护整体金融市场的稳定发挥了重要作用。

在银行间同业拆借市场中，互信是交易顺利进行的重要保障。由于参与者都是持有牌照的金融机构，这些机构通常具备较高的信用等级和良好的市场声誉。银行之间的这种互信关系基于对彼此财务健康状况的了解以及在过往交易中建立的信誉。高信用等级的商业银行更容易在同业市场中获得资金，且通常能以较低的成本进行资金的拆借。这种基于信用的交易机制不仅加快了交易的执行效率，还降低了因信用风险导致的交易失败概率，从而促进了整个金融市场的流动性和效率。

（二）作用与影响

商业银行通过同业拆借可以有效地调整其短期资金状况，以满足不时变化的资金需求和保持良好的支付能力。在资金需求高峰期，如季末或年末，当商业银行面对更大的资金压力时，同业拆借市场提供了一种灵活而便捷的方式来调节流动性。这不仅有助于商业银行应对短期资金波动，还确保了商业银行能够持续满足客户的提款和贷款需求。通过这种机制，商业银行能够避免流动性短缺引发的信用危机，维持金融市场的稳定和金融体系的整体健康。同业拆借利率作为金融市场中的一个基准或参考利率，其变化直接影响其他金融产品和服务的定价。例如，同业拆借利率的上升或下降会影响银行贷款和存款的利率水平，进而影响企业的资金成本和消费者的投融资决策。这种影响力扩展到了更广泛的经济层面，可能影响到经济增长、投资和消费模式等多个方面。通过对同业拆借利率的监控和管理，政策制定者和市场参与者可以更好地理解市场趋势，调整其经济和金融策略。风险管理是同业拆借市场不可忽视的功能，商业银行利用同业拆借来分散和管理流动性风险，特别是在面临资金紧张时。通过在不同金融机构之间进行资金交易，商业银行可以降低依赖单一资金来源的风险。这种风险分散策略是金融机构稳健管理的基石，有助于防范和减轻潜在的系统性风险。同业拆借市场因此成了一个重要的风险对冲和资本优化工具，使得整个银行系统在面对外部冲击和市场波动时更具韧性。监管机构通过对同业拆借市场的监督确保市场的透明度和公正性，防止市场滥用和风险积聚。例如，监管机构可能会设定同业拆借的额度限制、参与资格和报告要求等，以增强市场的监管效能。通过这些监管措施，监管机构不仅可以有效控制金融市场的过度投机活动，保护金融系统的稳定，也为金融政策的实施提供了支持和保障。这种综合性的市场监管与政策调控是维护金融市场健康运行和防范金融危机的关键措施。

二、同业存款策略分析

发展同业存款，重点是发展同业活期存款业务。银行同业活期存款是将暂时未使用的资金利用起来增加流动性，方便拆借，避免了监管方的信任危机。

同业活期存款的利率通常较低，这意味着银行需要支付的利息成本较低。对商业银行而言，降低资金成本是提高利润的直接方式之一。在竞争激烈的银行业中，控制成本是核心战略之一。由于同业活期存款的利率低，因此，银行在此部分负债的利息支出相对较少。这种低成本资金提供了银行操作的灵活性，使其能够更有效地管理其资产负债表和现金流。低成本负债是银行扩展信贷和投资活动的关键因素，有助于银行在保持资本充足率的同时，进一步发展业务。商业银行通过将成本较低的同业活期存款转化为高收益的贷款和其他投资，可以获得较高的利差收入。利差，即资产收益率与负债成本之间的差额，是商业银行主要的收入来源之一。通过有效地管理利差，商业银行可以实现更高的盈利。

（一）搭建高效的现金管理平台，通过结算沉淀同业存款

在商业银行的资金运作中，存在一种特殊的结算机制，即通过与对公及零售业务的联动，促进同业活期存款的增长。这一过程主要针对的是要素市场的客户群体，其涵盖范围包括交易所、登记结算类机构以及国家批准从事金融业务的企事业单位等。对于这些客户，商业银行通过深入了解其业务特点、资金来源和资金规模等关键信息，可以更有效地参与同业活期存款的拓展。这种做法不仅有助于商业银行更好地服务于要素市场，还能够通过提升同业存款的规模和质量，增强商业银行的资金流动性和业务竞争力。

在这一过程中，商业银行可以利用其现有的合作关系和市场基础，对要素市场的资金流向和调动类型进行详细的分析。例如，商业银行可以通过分析交易所或其他金融机构的资金运用和需求模式，为这些机构设计更为精准的金融产品和服务。商业银行还需要关注这些客户的资金调动频率和规模，以便更好地满足其短期和长期的资金需求。通过这样的策略，商业银行不仅能够为客户提供更为高效和安全的资金结算服务，还能在同业市场中占据更有利的竞争位置。

商业银行在推动同业活期存款增长的过程中，还需要注意维持与要

素市场客户之间的良好互动和沟通。通过定期的业务回访和需求调研，商业银行能够及时获取客户的反馈和建议，进一步优化服务模式和产品设计。这种持续的客户关系管理不仅有助于商业银行深化与要素市场的业务联系，也是提升客户满意度和忠诚度的有效方式。通过精细化管理和服务创新，银行可以在激烈的市场竞争中稳固自身的市场地位，同时促进资金的健康流动和业务的持续增长。

（二）做好优质的资产托管服务，派生同业存款

在商业银行的业务结构中，托管服务作为一个平台型的综合服务体系，为客户提供了一个集中的资金管理和运作平台。托管业务的核心价值在于其能够提供安全、可靠的资产保管与管理，同时为其他金融交易，如同业存款提供便利。通过托管服务，商业银行能够与客户建立更深层的业务联系，进一步整合和优化银行的资源和服务。例如，商业银行可以利用托管平台来优化同业存款的管理，使之更加高效和安全。托管业务还可以作为商业银行对外展示其资本实力和业务能力的一个重要窗口，有助于提升商业银行在同业中的信誉和竞争力。

资产托管业务在商业银行与基金公司之间的合作中，充当“门槛型”业务的角色。这种业务不仅可以作为商业银行与基金公司合作的起点，还可以通过基金公司的固定收益部门引入更多的合作机会。例如，基金公司通过其固定收益部门的专业操作，可以将商业银行的托管业务推荐给其他潜在的市场或渠道部门，从而拓宽业务的合作范围和深度。这种策略不仅增强了银行与基金公司的合作效果，也促进了银行业务的多元化发展和市场的拓展。

在这种业务模式下，商业银行需要持续优化其托管服务的质量和效率，确保能够满足基金公司及其客户的多样化需求。通过持续的技术升级和服务创新，商业银行的托管平台可以提供更为灵活和定制化的服务，从而更好地为客户服务，增强客户满意度。商业银行应加强与基金公司

的沟通和协作，共同探索新的市场机会，通过集成资源和共享信息，实现双方的互利共赢。这种合作模式不仅有助于银行扩大其市场影响力，也有助于银行在竞争激烈的金融市场中保持领先地位。

（三）与非银机构尤其是券商展开全方位合作，拓展多渠道存款来源

在金融领域中，商业银行参与券商业务，特别是通过与投资银行和资产管理业务的联动，已成为推动同业活期存款的重要策略。商业银行可利用其在发债、承销等投资银行业务的专长，以及与证券公司投行部门或债券部门的现有合作关系，来增强其在金融市场中的服务和产品供应。例如，通过推广证券公司的可转债项目，商业银行不仅能够提供多元化的投资产品给投资者，还能通过这些活动增加同业存款，从而增强流动性管理和资本利用效率。通过债券归集账户和募集收款账户等金融工具，商业银行能够有效地集中资金管理，优化资金流动性。

此策略的实施，要求商业银行在与证券公司的合作中，维持高度的策略一致性和操作协同。通过这种合作，商业银行可以更好地理解和预测市场动向，从而在证券市场中为客户提供更为精准的金融解决方案。商业银行需确保合作中的风险管理和合规操作符合行业标准，以保护投资者利益并维护金融市场的稳定。通过这种深入的行业合作，商业银行不仅能够扩大自身的业务范围，还能通过提供高质量的金融服务，增强其在金融市场中的竞争力。

在长期的业务发展中，商业银行通过参与券商业务，不仅可以增强其业务多样性，还能提升其在金融市场中的整体表现和市场份额。为了持续推进这一策略，商业银行需要不断创新其金融产品和服务，确保能够满足市场和客户的不同的需求。商业银行应持续投资于技术和人才，以保持其服务的先进性和高效性，从而更好地服务于投资者和合作伙伴，推动业务的持续增长和市场的拓展。通过这种持续的业务创新和市场适

应性，商业银行可以确保在日益激烈的金融竞争中保持领先地位。

三、基于央行逆回购的商业银行资产负债调整策略

（一）商业银行负债管理原则

1. 科学规划，严控成本

商业银行应致力降低筹资成本，确保在实现利润最大化时保持合理的利差。筹资成本作为银行经营成本的一个重要部分，对商业银行的盈利能力有着直接影响。当其他成本相对固定时，筹资成本的高低将决定商业银行能够实现多大程度的利润。这就要求银行在制定财务策略和运营模式时，必须将成本控制作为核心任务。有效的筹资成本控制不仅能提升商业银行的盈利水平，还能增强其在激烈市场竞争中的持续竞争力。通过优化负债结构和选择低成本的资金来源，商业银行可以在维持资本充足率和流动性指标的前提下，实现成本的优化和利润的最大化。在中央银行逆回购业务的实施过程中，商业银行应采用主动自愿的利率竞标参与方式。这种方式要求商业银行基于自身的财务状况和市场条件，合理地决定参与业务的规模。通过对业务规模的精准控制，商业银行可以有效地管理其负债结构，同时优化央行负债与自身其他负债的配比。合理的负债结构管理不仅有助于降低商业银行的综合平均负债成本，还能提升商业银行对市场变动的响应能力和风险管理能力。商业银行需要在保持负债结构灵活性的同时确保所有负债项目都能带来最大的成本效益。

在全面优化负债管理策略的过程中，商业银行还需考虑外部经济环境的变化及其对银行负债成本的影响。通过动态调整策略，以适应利率变动和市场需求的波动，商业银行可以更有效地控制筹资成本。通过利用高级金融工具和技术来预测和分析市场趋势，商业银行能够更准确地制定负债管理政策。这种主动和预见性的财务管理不仅能够优化商业银行的负债结构，还能在保证商业银行长期稳定发展的同时提升其市场竞

争力。通过这些综合策略，银行能够在复杂多变的金融环境中稳健前行，实现其业务目标和财务健康。

2.调整适配，优化结构

在进行负债管理时，商业银行面临的一个主要挑战是如何在降低筹资成本的同时增强负债的稳定性，并确保足够的流动性。为实现这一目标，商业银行须从两个维度入手：一是优化负债的构成，二是合理调配负债的期限结构。具体来说，商业银行应通过引入多样化的筹资渠道，改变传统上对被动负债的依赖，同时积极开展中央银行逆回购等活动，以增加对中央银行负债的比例。这种策略有助于降低筹资成本，增强银行的负债控制能力，从而在维持资本充足率和满足监管要求的同时保持良好的流动性管理。

商业银行在管理负债结构时，必须重视期限的匹配问题。正确的期限结构可以有效地平衡商业银行的长期资本需求与短期流动性需求。为了防止因中央银行逆回购业务到期而引发的流动性危机，商业银行需要设计一套合理的期限匹配策略。这包括将短期资金用于满足日常运营需求，同时确保长期资金投向能够带来持续收益的项目。通过这样的策略，银行能够在降低边际资金成本的同时优化负债的综合成本，增强其在金融市场中的稳定性和竞争力。商业银行在实施这些策略时，应持续监控外部经济环境和内部财务状况的变化，以适时调整其负债管理策略。这包括利用先进的风险管理工具和技术，对市场动态进行持续的分析和预测。商业银行还应加强与监管机构的沟通，确保其负债管理策略符合最新的监管要求。通过这种动态的管理方式，商业银行能够有效应对市场的不确定性，确保在不断变化的金融环境中维持稳定的财务表现。这些措施将使银行在确保负债安全的同时最大限度地提升其经济效益和市场竞争力。

3.整体布局，防范风险

在实施中央银行逆回购业务的过程中，商业银行必须进行全面的规划和精密的衔接工作，以避免负债操作引发的流动性、利率和清偿性风险。这种规划包括资金筹集方式的多样化，确保商业银行能够通过各种渠道稳定地获得资金。具体而言，商业银行应该利用存款吸收、同业拆借、中央银行借款及发行金融债券等多元化筹资渠道。这样的策略不仅有助于降低筹资成本，还能增强银行应对市场波动的能力。商业银行应通过扩展资金来源，增强其在面对资金流动性不足时的应对措施，确保业务连续性和金融稳定。

商业银行应积极采用金融衍生工具来对冲利率风险。由于中央银行逆回购业务可能导致市场利率的波动，商业银行需要通过远期利率协议、利率期权、利率掉期等工具，预测并管理这些风险。通过这些工具，商业银行可以锁定或调整未来的资金成本，降低因市场利率变动而可能遭受的财务损失。这种主动的市场风险管理策略是商业银行保持长期稳定和盈利的关键，也是对银行利率敞口进行有效管理的表现。为了进一步强化对风险的控制，商业银行应增强自身的资本金基础，并合理控制负债规模。增强资本金可以提供额外的风险缓冲，合理的负债规模可以防止商业银行因过度扩张而带来的风险敞口。完善存款保险制度也是保护存款人利益、增强商业银行抗风险能力的重要措施。通过这些综合性的财务和运营策略，银行不仅可以有效地管理和降低业务风险，还能在不断变化的金融市场中保持竞争力和稳定性。这些措施的实施，将为商业银行的长远发展提供坚实的基础。

（二）商业银行资产负债调整策略

商业银行的盈利能力和整体经营状况在很大程度上依赖于其资产的有效运用。资产运用的成效直接反映在银行的收入生成能力上，这包括贷款、投资以及其他金融服务的收益。中央银行的逆回购业务作为一种重要的金融操作，不仅影响着银行资产的总量，还影响其结构和运用方式。商业银行必须审慎进行资产调整和管理，以确保资产的最优配置和使用效率。例如，逆回购操作可以为商业银行提供短期流动性，但也要求银行能够有效管理这些资金，以充分利用这一机制增强其财务稳定性和盈利能力。在进行资产管理时，商业银行需要对其资产组合进行精细化的分析和调整。这包括评估各类资产的表现，如贷款的回收率和投资的收益率，并根据市场条件和内部财务策略进行调整。逆回购业务提供的资金，应被用于那些能够带来最佳回报的资产中，如高效的信贷项目或收益稳定的金融产品。商业银行还须考虑资产流动性的需求，确保在面对市场波动或资金需求时，能够迅速调整资产配置，以维持运营效率和财务安全。商业银行在进行资产调整和管理的过程中，也须考虑资产质量的控制和风险管理。这涉及对不良资产的及时识别和处理，以及风险敞口的系统评估。通过实施有效的风险管理策略和资产质量监控机制，商业银行能够预防和减轻潜在的财务损失。适时的资产重组和优化可以帮助商业银行适应经济周期的变化，利用市场机会提升整体盈利能力。这种动态的资产管理策略是确保商业银行长期稳健运营的关键。

1.保持适度的贷款规模

商业银行需要在满足客户贷款需求和争取更多利益的基础上，根据中央银行逆回购业务的具体实施情况以及自身的经营条件，制定出合理的贷款策略。这一策略不仅要考虑到贷款的盈利目标，还应重视保持商业银行自身的流动性和安全性，确保贷款投放的每一步都符合商业银行的整体风险管理框架。商业银行需要对贷款申请进行严格的审查，评估借款人的还款能力，同时对市场趋势进行细致的分析，以优化贷款组合，减少信贷风险。商业银行在执行贷款策略时，应采取灵活的管理方法来应对经济环境和市场条件的变化。这包括利用中央银行的逆回购机制来调节短期流动性，从而在确保流动性的前提下，动态调整贷款规模。通过这种方式，商业银行不仅能够在保证足够现金流的情况下满足客户的贷款需求，还能在市场利率变动时，通过调整贷款利率或信贷策略来保护自身的财务健康。商业银行还应该建立一个全面的贷款审批和监控系统，以实时监控贷款的表现和风险状况，确保贷款活动与银行的长期发展目标和风险承受能力相匹配。

在长期的贷款资产管理中，商业银行应不断优化其信贷产品和服务，以提高客户满意度和市场竞争力。这包括开发新的贷款产品以适应不同客户的需求，如绿色金融产品或小微企业贷款，这些产品不仅可以带来新的利润增长点，还能帮助银行在市场竞争中建立品牌优势。通过技术创新，如数字化贷款流程，商业银行可以更高效地处理贷款申请，降低运营成本，并提高服务的透明度和客户体验。通过这些综合措施，商业银行可以在确保贷款资产安全的同时增强其市场竞争力和盈利能力，从而在变化多端的金融市场中稳健前行。

2. 均衡贷款结构

在商业银行的贷款资产管理中，平衡贷款结构是确保资金效率和降低风险的关键。为了达到这一目标，商业银行需要在不同时间点上调控贷款余额的增减幅度，确保在任何特定时期内，贷款的扩张和收缩都符合银行的财务健康和市场环境。这种平衡的实现有助于避免资金在某一时间点过度集中或不足的情况，从而维护银行流动性的稳定。商业银行还应保持资金来源与资金运用之间的动态平衡，通过精确的资金调配，防止高成本存款的闲置和短贷长占现象。这不仅优化了资金的使用效率，还能减少由于资金运用不合理或不充分导致的财务压力。商业银行应提升贷款业务的流动性管理，确保贷款到期和金额在任何给定时期的均匀分布。这一策略有助于商业银行平滑资金需求的高峰和低谷，避免因瞬时的资金需求过量而导致的流动性不足。均衡的贷款分布可以减少财务操作中的波动性和不确定性，使商业银行能更稳定地应对市场变化和客户需求。均匀的贷款结构也方便商业银行更有效地进行资金的预测和计划，从而避免资金过剩或短缺的风险，提高整体资金运用的经济效益。为了进一步增强贷款管理的效果，商业银行还须建立健全的风险管控体系。这包括实施严格的贷款审批制度，加强对放贷资金的跟踪监测，以及优化贷后管理工作。通过这些措施，商业银行不仅能够及时发现潜在的信贷风险，还能有效地降低或预防贷款损失的发生。这种全面的风险管理策略还应包括对市场变动的持续观察，确保贷款政策与市场环境和商业银行的发展战略保持一致。通过这种综合性的风险管理和资产调整，商业银行可以在保障财务安全和提高客户满意度的同时有效地提升其市场竞争力和财务表现。

3. 改变资金不合理分布

商业银行在进行贷款资金的分配时，应致力于优化部门间、企业间以及流动资金与固定资金之间的分布，以解决存在的不均衡问题并提高资金的使用效率。贷款资金的分配不当可能导致某些部门或企业资金过剩而其他领域资金短缺，从而影响整体经济效益和商业银行的财务健康。商业银行需进行全面的资金流动性分析，以确定各部门和企业的资金需求和使用效率，从而做出更加科学的资金调配决策。通过有效的资金再配置，商业银行能够盘活现有存量，增强贷款资金的流动性，确保资金能够最大化发挥作用，从而提升整体经济的活力和商业银行的盈利潜力。商业银行还应通过创新贷款产品和服务来强化和扩展市场份额。这包括开发适应新兴市场需求的贷款产品，如绿色贷款、科技创新贷款等，以满足市场的特定需求。银行可以探索新的信贷模型和评估工具，利用大数据和人工智能技术来提高贷款审批的精确度和效率。通过这些创新措施，银行不仅能吸引更多的客户，还能通过提供差异化和增值服务来巩固其市场地位。这种持续的创新和改进还能使商业银行在竞争日益激烈的金融市场中保持领先。

为了进一步提高资金的使用效益，商业银行应重视资金管理的综合性和战略性，这不仅可以改善贷款资金的分配效率，还包括优化贷款结构和期限，确保资金能够在促进商业银行长期稳定发展的同时最大化其经济回报。商业银行应建立健全的风险评估体系，对不同贷款项目进行严格的风险分析和监控，确保每一笔贷款都能在控制风险的前提下实现预期的财务效益。通过积极参与经济发展的关键领域，如支持小微企业和绿色经济，商业银行不仅能提高资金的社会效益，还能在提升自身财务表现的同时为社会的可持续发展作出贡献。这种全方位的资金管理策略，将为商业银行带来更广阔的发展前景和更强的市场竞争力。

在当前金融环境下，中央银行逆回购操作为商业银行的证券投资提供了新的动态。商业银行可以灵活调整其证券投资策略，以优化投资组合的收益、风险和期限。这种调整应基于对证券市场和整体经济环境变化的深入分析，确保投资决策能够适应市场波动，并保持证券投资组合的效率和有效性。特别是在逆回购操作频繁的情况下，商业银行应密切关注流动性的变化，及时调整持仓以应对资金成本的变动。这不仅要求商业银行具备敏锐的市场洞察力，还需要高效的投资管理系统来支持快速和精确的资产配置决策。

通过将资金投资于多种类型的证券，商业银行能够实现风险的分散化，降低单一市场或经济因素引起的不利影响。这种策略包括四个主要方面：期限分散法、地域分散法、类型分散法和发行者分散法。期限分散法通过投资不同期限的证券来减少利率变动的影响；地域分散法通过投资不同地区的证券来降低地域性经济变动的风险；类型分散法通过投资于股票、债券及其他类型的证券来平衡不同资产类别的表现；发行者分散法则是通过投资多个不同的发行者来减少特定发行者可能带来的信用风险。商业银行在采用分散投资策略时，还应考虑证券投资的流动性管理。这是因为逆回购操作本身可能引起市场利率的快速变动，对证券的流动性和价格产生影响。商业银行在选择证券投资时，不仅要考虑收益和风险的平衡，还需要考虑资产的流动性特性。适当的流动性管理可以确保在需要时能够快速调整投资组合，应对资金需求或市场条件的变化。通过这样的策略，商业银行能够在保持投资灵活性的同时优化其资本配置，增强整体财务表现和市场竞争力。

在投资证券市场时，商业银行必须采用灵活的调整策略来应对快速变化的市场条件。这种策略称为灵活调整法，它要求商业银行基于对市场收益曲线的持续监测，实施动态的证券组合管理。此方法的核心在于使商业银行能够随时根据市场利率和证券收益率的波动进行投资调整，从而最大化收益并控制相关风险。这种灵活性特别重要，因为证券市场经常受到宏观经济指标、政策变化以及国际事件的影响，这些因素均可导致收益率快速变动。通过及时调整投资组合，商业银行能够更好地利用市场波动，抓住投资机会，同时避免潜在的负面影响。商业银行通过灵活调整法不仅可以保持投资组合的活跃性和适应性，还可以通过实时的策略调整，优化投资决策。例如，当市场下行时，商业银行可能选择增持债券以保证稳定的收益；在市场上行时，则可能加大对股票或其他高风险资产的投资，以追求更高的回报。这要求商业银行的投资管理团队具备高度的专业技能和敏锐的市场洞察力，以便能够快速准确地评估市场情况并做出相应的投资决策。商业银行还需要投入相应的技术资源，以支持复杂的数据分析和实时的投资组合调整。

商业银行在扩展其业务模式时，应积极发展中间业务，这些业务通常涉及较低的成本和风险，同时能为银行提供稳定的收入来源。支付处理、资产托管和财务顾问等中间业务，不仅可以增强商业银行的服务多样性，还可以提高客户黏性和市场竞争力。更重要的是，这些服务有助于改善商业银行的资产负债结构，并为商业银行的风险管理提供更多的工具和手段。例如，通过提供资产托管服务，商业银行可以增加非利息收入，同时通过管理多样化的客户资产，降低整体业务风险。这种策略的实施，将使商业银行在维持核心业务的同时更有效地管理和分散风险，确保长期稳定发展。

第二节　发行同业存单的策略规划

银行同业存单是一种银行之间的短期借贷工具，用于满足短期流动性需求。银行同业存单发行计划是指银行为了筹集资金，向其他银行发行同业存单的计划。

一、同业存单的定义及特点

同业存单是指商业银行之间以存款形式发生的短期融资工具，通常由行内发行部门或资金管理部门进行发行。同业存单作为商业银行间的短期融资工具，允许银行通过存款形式在彼此之间筹集资金。这种金融工具通常由银行的发行部门或资金管理部门负责发行。同业存单有较强的转让性，使得这些证券可以在二级市场上自由转让，从而提高了其流动性。同业存单通常提供比普通存款更高的利率，这对于寻求高效资金使用的投资者而言具有较大吸引力。同业存单的期限设置具有高度灵活性，期限可以从三个月至一年不等，银行可以根据具体的资金需求和市场条件灵活调整融资策略。

二、银行发行同业存单的目的

银行发行同业存单的主要目的是筹集资金，以满足其短期流动性需求。在现代银行业务中，商业银行面临的资金流动性需求日益增长，特别是在贷款发放、偿还债务或其他日常经营活动中。通过向其他银行发行同业存单，商业银行能够在短时间内获得必要的流动资金，确保其运营的连续性和稳定性。同业存单的发行不仅有助于商业银行管理其资金链，还能通过市场上的活跃交易提升商业银行的市场知名度和品牌形象，进一步提高其市场影响力和竞争力。

三、银行同业存单发行的影响因素

同业存单发行计划的成功与否受到多个关键因素的影响。首先，市场利率的高低直接决定了同业存单的吸引力。在高利率环境下，同业存单因其较高的回报率而更受投资者欢迎；相反地，低利率环境可能降低其吸引力。其次，商业银行的信用状况，包括信用评级和市场声誉，也是决定其同业存单受欢迎程度的重要因素。投资者倾向于选择信誉良好的银行发行的同业存单，因为这代表了较低的违约风险。最后，发行规模和期限的选择也必须根据市场需求和银行自身的资金需求来优化。适当的发行规模和期限能够确保商业银行获得所需资金的同时，满足市场投资者的需求。

资金用途和风险控制是商业银行在筹划同业存单发行时必须考虑的另两个关键因素。投资者通常会对资金的具体使用目的和银行的风险管理措施进行评估，这些因素直接影响到投资者的购买决策。例如，如果资金用途明确，且商业银行有有效的风险控制策略，投资者就可能更加倾向购买同业存单。宏观经济环境的稳定性和预期也对同业存单的发行产生深远影响。在经济稳定和预期增长的背景下，同业存单作为一种短期投资工具，通常会看到更大的市场需求。反之，在经济不确定或衰退的时期，投资者可能会因为风险规避而减少对同业存单的投资。因此，银行在策划同业存单发行时，必须综合考虑这些因素，以确保发行的成功和资金的有效筹集。

四、银行同业存单发行计划的步骤

第一，在发行同业存单的过程中，商业银行必须进行细致的需求分析。这一步骤是为了确切地识别银行当前的资金需求以及评估发行同业存单的必要性。通过该分析，商业银行可以确定适合的发行规模和期限，这两个因素直接关系到后续发行的成功与否。需求分析不仅考虑商业银行内部的资金流和财务状况，也需要评估市场条件，如当前的利率水平和市场对同业存单的需求，从而做出更符合市场实际情况的发行决策。

第二，银行的筹备工作通常涉及组织一个专门团队来负责同业存单的发行事宜。此团队的职责包括制订详细的发行计划，确定具体的发行规模，设置起始利率，以及其他必要的运营细节。筹备阶段的任务还包括预估可能的市场反应和投资者的接受程度，这要求团队具有高度的专业知识和市场敏感性。团队还需要与法律顾问合作，确保所有发行活动都符合相关法律和监管要求。

第三，发行准备是发行同业存单的另一个关键步骤，涉及所有必要的文档和材料的准备。商业银行需要拟定和准备包括募集公告、发行说明书在内的各类发行文件，这些文件必须详细地描述同业存单的特性、风险、预期收益等关键信息。商业银行还需选择合适的承销商，这通常通过招标或协商的方式进行。选定的承销商将协助商业银行完成市场调研、定价策略和最终的资金募集。

第四，发布募集公告，正式向市场宣布其发行同业存单的计划。这一公告通常包含同业存单的主要条款，如发行规模、利率、期限及投资风险等信息，目的是吸引潜在投资者的关注和参与。有效的市场宣传策略对于确保发行成功至关重要，因此商业银行通常会利用多种渠道和媒介进行广泛的宣传活动，以确保信息的广泛传播和投资者的最大覆盖。

第五，发行和承销阶段，这是资金募集的实际操作阶段。在这一阶段，商业银行和承销商将通过市场操作来实现同业存单的成功发行。承销商的角色尤为关键，它们不仅协助设置合理的定价，还负责在二级市场推广和销售同业存单，确保足够的资金被成功募集。此阶段的操作需要高度的专业性和市场调控能力，以应对可能的市场波动和变化。

第六，在同业存单的存续期内，商业银行需要进行有效的资金管理和风险监控。到期偿还阶段，商业银行根据发行时制订的计划，偿还本金及应付的利息。在整个存续期内，商业银行应持续监控市场状况及自身的流动性状况，必要时进行风险调整和资金再配置，确保最终能够按时全额偿还债务。商业银行还应评估同业存单发行的整体表现，为未来的资金筹集活动提供经验和数据支持。

五、银行同业存单发行计划的风险管理

在同业存单发行过程中，银行需实施一系列风险管理措施以应对潜在的市场变化和风险。市场风险管理是银行同业存单发行计划中的关键组成部分。商业银行需要密切监控市场情况和利率走势，根据市场变化灵活调整同业存单的发行规模和利率。通过这种动态调整，商业银行能够在不同的市场环境下优化其资金成本和收益，同时降低因市场波动带来的潜在损失。例如，在市场利率上升时，适当提高同业存单的发行利率可以吸引更多的投资者；而在市场利率下降时，调整发行规模可以避免过度筹资导致的资金成本增加。流动性风险管理对于确保商业银行能够满足其短期偿付义务至关重要。商业银行应通过维持充足的流动性储备来管理流动性风险，确保在面对突发资金需求或市场压力时，能够稳健地满足偿付要求。这包括定期进行流动性压力测试，评估在极端市场条件下商业银行的资金状况，并制定相应的流动性风险缓解措施，如设立紧急资金池或增加流动性资产的持有比例。

对手方风险管理同样是同业存单发行过程中不可忽视的一个方面。商业银行在选择发行同业存单的对手方时，必须对对方的信用状况进行详细评估并持续监控。这包括审查对手方的财务健康状况、信用评级和历史偿付记录。商业银行还可以通过签订具有风险缓解条款的合同来降低对手方风险，如要求提供担保或保证金。利率风险的管理也不可忽略，银行可采用各种衍生金融工具如利率掉期，对冲部分利率变动带来的风险，以保护其资金成本和利润率的稳定。

六、久期选择

久期是一个关键的金融指标，也称持续期。它是以未来时间发生的现金流，按照目前的收益率折现成现值，再用每笔现值乘以现在距离该笔现金流发生时间点的时间年限，然后进行求和，以这个总和除以债券目前的

价格得到的数值为久期。概括来说，则是债券各期现金流支付所需时间的加权平均值。由于长久期债券价格对利率变化更为敏感，当市场利率下降时，长久期债券或债券组合的价值会显著升高，反之亦然。

对商业银行而言，在选择同业存单投资组合的久期时，需要综合考虑市场环境与自身的利率风险管理策略。商业银行通常面临着资产和负债之间的利率重新定价差异，这种差异可能导致市场利率变动对商业银行的财务状况产生重大影响。如果一个银行的资产主要由长久期同业存单组成，在市场利率上升时，其资产价值就可能会大幅下降，从而影响到银行的资本充足率和流动性状况。商业银行在选择同业存单投资组合的久期时，应仔细评估当前和预期的市场利率环境，以及自身的资本结构和流动性需求。商业银行对同业存单投资组合久期的选择还应考虑到其对总体投资组合的多样化和均衡。通过适当调整久期结构，商业银行可以更好地分散利率风险，增强投资组合的稳定性。例如，商业银行可能会同时持有不同久期的债券，以保持投资组合在不同利率环境下的表现均衡。银行还需要监控久期动态，并定期调整投资策略，以适应市场利率变动带来的风险暴露变化。在实施久期选择策略时，商业银行应结合内部风险管理框架和外部监管要求，确保其投资策略的合规性和效率性。通过利用高级的风险评估工具和金融模型，商业银行能够对不同久期策略下的潜在影响进行定量分析，从而作出更加科学的决策。商业银行还应加强对市场动态的监控，及时捕捉利率趋势的变化，调整久期策略，以优化资产负债表的表现并提高财务稳健性。通过这些综合措施，商业银行能够有效管理利率风险，保持长期的竞争力和财务健康。

第三节　资本市场融资的策略分析

一、国家新规出台带来的影响

在响应全球金融监管改革的趋势及提升国内银行业的国际竞争力背景下，国家金融监督管理总局正式发布《商业银行资本管理办法》，于2024年起实施。该办法全面系统地反映了我国商业银行的具体实践和需求。该办法的实施标志着中国对商业银行资本充足性的监管将更加严格，以确保银行系统的稳定性，并有效支持实体经济的发展。该办法的实施意在通过提高银行资本充足率要求，强化银行业的风险管理能力，从而提升银行系统的整体健康与韧性。此举不仅有助于商业银行更好地抵御潜在的市场波动和经济不确定性，还能增强其通过稳健的资本管理支持实体经济的能力。根据该办法，所有商业银行都须满足一定的资本充足标准，特别是那些被认定为系统重要银行的机构，将面临更为严格的附加资本要求。这些要求旨在确保关键银行在资本结构和流动性管理上具备足够的弹性，以应对潜在的金融危机。该办法的制定和实施也显示了中国监管部门在全球金融监管框架中日益增长的影响力和规范化进程，旨在推动中国银行业的现代化改革，使其更加符合国际金融市场的操作规范和风险控制标准。这一过程不仅有助于提高中国银行业的透明度和责任感，也为国内外投资者提供了更大的信心，从而吸引更多的外资进入中国市场，推动国内金融市场的深度和广度发展。该办法的实施将促进中国银行业的整体稳定性和国际竞争力的进一步提升。

（一）构建差异化资本监管体系

在《商业银行资本管理办法》中，国家金融监督管理总局精心设计了一套差异化资本监管体系，旨在根据银行的规模和业务复杂性来施行不同层级的监管规则。这种分层监管策略确保了监管的精确性和有效性，使得资本监管更加灵活且针对性强。在该体系中，第一档针对的是大型银行或具有较多跨境业务的银行，这些银行因其业务的广泛性和复杂性，在系统性风险管理上扮演着关键角色。根据规定，第一档的银行包括那些并表口径调整后表内外资产余额达到或超过 5000 亿元人民币（含）的银行，以及那些境外债权债务余额达到或超过 300 亿元人民币（含）且占其总资产的 10%（含）以上的银行。这些银行需要对标国际资本监管规则，以确保它们的稳定性能在全球市场中维持竞争力。

第二档银行则包括规模较小或跨境业务较少的商业银行。这一层级的监管规则相对简化，以适应这些银行的操作规模和风险状况。具体而言，这一档次的银行包括那些并表口径调整后的表内外资产余额达到或超过 100 亿元人民币（含）但不满足第一档条件的银行，以及资产总额小于 100 亿元人民币但存在境外债权债务的银行。这种分类使得监管措施能够更加精准地对应各银行的实际需要和风险状况，从而提高监管效率和银行的业务适应性。

第三档则关注那些规模更小且没有跨境业务的商业银行。这些银行通常集中在县域市场和小微金融服务领域，其业务模式相对简单。对这类银行的资本监管要求进一步简化，主要是为了鼓励它们更好地服务于地方经济和小微企业。具体来说，第三档的银行是指那些并表口径调整后表内外资产余额不足 100 亿元人民币且没有境外债权债务的银行。通过降低这些银行的监管负担，监管机构旨在支持它们在为地方经济发展提供信贷支持方面发挥更大的作用，同时确保它们的运营安全和稳健。

在《商业银行资本管理办法》的实施框架中，国家金融监督管理总局保留了根据银行业整体状况适时调整银行机构档次划分标准的权限。这一权限的设定体现了监管策略的灵活性和对行业动态的快速响应能力。国家金融监督管理总局可根据宏观经济环境、银行业务发展以及市场变化等因素，综合判断后对档次划分标准进行适当调整。这种调整旨在确保监管措施的时效性和有效性，使之与当前市场状况和银行实际风险承受能力保持一致。例如，如果市场条件显示跨境业务风险增加，国家金融监督管理总局则可能提升跨境业务相关的资本要求，以反映这种增加的风险。

国家金融监督管理总局及其派出机构在具体监管实践中，也具备根据单个商业银行的经营管理和风险水平等因素，结合监管判断独立调整其所属机构档次的权力。这意味着，对那些风险管理能力较强、经营状况稳健的银行来说，即使它们的规模不大或跨境业务不多，也可能被划分在较高的监管档次；相反地，规模较大或有广泛跨境业务的银行如果风险管理不善，也可能被调整到较低的档次。这种个性化、动态的调整策略有助于促使商业银行加强内部管理，提高风险控制能力，确保银行业的整体安全与稳定。为了进一步细化和优化银行业务的透明度，国家金融监督管理总局根据匹配性原则建立了一个覆盖各类风险信息的差异化信息披露体系。不同档次的银行根据其业务复杂性和风险敞口的大小，适用不同级别的信披要求。这意味着那些处于高风险档次的银行需要披露更为详细的风险相关信息，以便监管机构和市场参与者能更全面地评估其风险状况和资本充足性。相应地，对于风险较低的银行，监管要求可能相对宽松，以减轻它们的合规负担，但仍须确保足够的信息透明度，保障投资者和其他市场参与者的知情权。这种差异化的信息披露策略不仅增强了市场的功能性，还提升了监管的针对性和效率。

（二）差异化资本监管不降低资本要求

在金融监管领域，《商业银行资本管理办法》明确了资本充足率的多层次监管要求，以增强银行体系的稳健性和抵御风险的能力。这些规定确立了银行资本结构的基础，从核心一级资本到总资本充足率，逐级设定了严格的监管标准。在资本市场融资方面，这些资本要求促使商业银行更加依赖于资本市场来筹集必要的资本，以满足监管标准。例如，商业银行可能通过发行股票或可转换债券等资本工具来增强其核心一级资本。这种做法不仅有助于商业银行扩大资本基础，也提高了其在资本市场上的活跃度和可见度，增强了银行的市场竞争力。

《商业银行资本管理办法》中提到的资本缓冲要求，如储备资本的设置，也显著影响了银行对资本市场的依赖程度。在经济波动或金融危机期间，这些资本缓冲措施为银行提供了额外的资本安全垫，确保银行能够在不违反监管要求的前提下，应对突发经济和金融压力。储备资本必须由核心一级资本来满足，这进一步强调了高质量资本的重要性，促使银行通过资本市场进行更加积极的资本管理，如定期的资本补充计划和利用资本市场工具进行资本结构的优化。

对于被定义为系统重要性的银行机构，附加的资本要求不仅反映了这些银行对系统稳定性的影响，也提示了对更高级别的监管关注。这些银行需要在资本市场上展现出更高的活跃度，以满足更严格的资本充足率要求。通过发行额外的股权或债务工具，这些银行能够保持足够的资本水平，以抵御潜在的市场冲击。这种高级别的资本要求促进了银行与资本市场之间的紧密联系，使银行在进行风险管理和资本调配时，必须考虑资本市场的反应和投资者的期望。

（三）全面修订风险加权资产计量规则以完善监督检查要求

在《商业银行资本管理办法》中，国家金融监督管理总局全面修订了风险加权资产的计量规则，强化了标准方法与高级方法之间的逻辑一致性，同时提高了计量的敏感性，确保商业银行面临的实际风险能够被更准确地反映出来。这种改进的目的是限制内部模型的使用范围，并减少通过这些模型进行监管套利的机会，从而使资本充足率的计算更真实地反映商业银行的真实风险敞口。对资本市场融资而言，这意味着商业银行需要在遵守这些更严格的监管要求的同时，更加依赖资本市场以满足监管的资本需求。通过发行股票、债券或其他资本工具，商业银行能够筹集必要的资本，以符合新的监管要求，确保其运营的持续性和稳定性。在信用风险管理方面，新的监管规则通过优化权重法，改进了风险暴露的分类标准，并引入了更多的风险驱动因子。这些改进不仅提高了风险管理的精度，也影响了银行通过资本市场的融资策略。商业银行在筹集资金时可能需要更详细地向投资者说明其信用风险管理的方法和成效，以提高投资者的信心，并吸引更多的资本投入。

市场风险和操作风险的管理也进行了显著的监管创新，特别是市场风险的管理，新规则通过引入确定性风险因子和敏感度指标来计算资本要求，这代表了从传统的简单方法向更复杂、更能反映实际市场波动的方法的转变。新的操作风险标准方法增加了基于业务指标的计量，并引入了内部损失乘数作为调整因子，从而更细致地反映了银行操作风险的特点。这些变化使商业银行在资本市场上的表现和评价更受市场监管环境的影响，因此商业银行在制定资本市场策略时需要更加注重这些监管要求。

（四）设置过渡期

《商业银行资本管理办法》制定了明确的过渡期安排以确保银行系统平稳过渡至新的监管框架。在这一过渡期内，特别关注的是资本净额的计算与损失准备的逐步调整。具体而言，监管机构为损失准备计入资本净额的规则设置了为期两年的过渡期，这期间将逐步提高非信贷资产的损失准备最低要求。这一措施旨在推动商业银行合理增加损失准备，以降低这些调整对银行资本净额的影响。此举考虑到直接实施可能对银行资本结构造成剧烈冲击，通过分阶段实施，商业银行能有足够时间调整其内部资本分配和风险评估模型，从而保证整体资本充足率的稳定。为了确保信息的透明度和市场的监管有效性，为信息披露设置了为期五年的过渡期。在这段时间内，商业银行需要根据其所属的监管档次、系统重要性程度以及是否为上市公司，来适应不同的信息披露要求。这样的分阶段实施策略旨在稳妥推进信息披露工作，逐步提高市场的透明度和对银行的市场约束力。过渡期允许商业银行逐步建立起符合新规要求的信息披露系统，同时培养市场和投资者对新披露标准的适应能力，确保信息披露的质量和效果，从而促进银行业的整体健康发展。

国家金融监督管理总局对《商业银行资本管理办法》实施后的影响进行了初步测算。结果显示，该办法的实施，预计银行业的资本充足水平将总体保持稳定，且平均资本充足率有望实现稳中有升。尽管单家银行的资本充足率可能因资产类别的差异而出现小幅波动，这种变化符合差异化监管的要求和预期。这表明新的监管办法能够有效地应对不同类型银行的具体情况，通过精细化管理加强商业银行的资本充足性和风险管理，反映了监管机构对银行业稳定性和灵活性需求的深刻理解和响应。

二、相对估值变化

在金融市场中，商业银行永续债和二级资本债的利差走势主要由供需关系的边际变化主导。具体来说，当市场供给增加，如商业银行大规模发行永续债或二级资本债，或者当外部政策和风险事件影响市场需求时，这种供需关系的变化可能会导致利差的扩大。例如，政策变动或宏观经济不确定性增加可能导致投资者对这类债券的需求下降，从而推高债券的利差。这种利差变动反映了市场对未来风险的重新评估及对流动性的即时需求变化。商业银行和投资者必须密切监控市场动态和政策环境，以适时调整其资金管理策略和投资决策。

当市场需求因政策利好等因素得到提振时，如政府推出支持银行业的措施或经济数据显示向好迹象，这将有助于改善供需关系的边际状况。此时，对商业银行永续债和二级资本债的需求增加，可能会导致这些债券的利差压缩。利差的压缩通常表明市场对银行债券的风险接受度提高，投资者对银行债务的信心增强。利差的持续压缩不仅是市场信心的一个重要指标，也可能反映出市场对银行业未来稳定性的积极预期。商业银行在此环境下应考虑利用利差压缩为资本结构优化和进一步融资创造有利条件。在这样的市场环境中，商业银行需要采取灵活的策略来应对供需动态的变化。商业银行可以通过策略性的资本管理，如定期评估其债务组合，优化债务结构，以及通过市场营销活动提高特定债务产品的吸引力，来调整其资本融资策略。商业银行应增强与投资者的沟通，明确传达其财务健康状况和经营策略，以增强市场对其债券的信心。通过这些措施，商业银行不仅能够更有效地管理其负债，还能利用市场条件优化其资本成本和加强市场竞争力。这种对市场供需变化的敏感度和对策略的灵活调整，是商业银行能在不断变化的市场中保持竞争力的关键。

随着市场对商业银行永续债和二级资本债的认知加深及投资者对这些产品的需求持续增长，预期这些债券的利差中枢将逐步下移。特别是那些信用资质更优的银行发行的债券，由于其更高的信用评级和稳定的财务表现，将吸引更多资金流入，从而进一步稳定并可能降低其利差。这种趋势也预示着市场的波动性将减弱，因为投资者对银行债券市场的深入理解和持续参与将有助于减少市场对短期事件的过度反应，使市场更为成熟和稳定。这种环境将为商业银行及其投资者创造一个更加有利的投资和融资景象，有望推动整个银行债券市场朝更高效和透明的方向发展。

三、挖掘商业银行永续债和二级资本债价值

在金融市场中，永续债和二级资本债在商业银行资本结构中占据特殊地位，因此，对于各类机构投资者而言，它们具有重要的战略意义。永续债通常没有固定的到期日，提供给投资者以持续的利息支付，而不保证本金偿还时间，这使得其风险高于传统的固定期限债务。由于这种特性，永续债能够提供相对较高的收益率，从而吸引那些寻求长期稳定回报的机构投资者。二级资本债作为商业银行的次级债务，通常在银行发生破产时仅次于普通债权人获得偿还，这一地位使其风险高于一级资本，但通常也提供更高的回报，从而平衡了风险和收益之间的关系。永

续债和二级资本债的配置价值不仅受到其高收益率的影响，还受到监管政策和会计处理的显著影响。监管框架对这些金融工具的认可度直接关系到它们的吸引力。例如，当监管要求提高银行资本充足率时，永续债和二级资本债由于可以作为资本的一部分，变得尤为重要。如果监管政策发生变化，如增加对这些工具的权重，可能导致商业银行对其的依赖度降低，因此机构投资者必须密切关注相关政策动态，以评估这些投资的长期可持续性。对这些债券的会计处理，如何在财务报表中反映其价值和影响，也会影响其在市场中的表现和投资者的认可度。

对于那些追求相对收益的机构投资者，如公募基金，它们可能更倾向利用永续债和二级资本债在市场中的价格波动来实现资本利得。这类投资者需要具备敏锐的市场洞察力，能够准确判断市场的波动趋势及其对债券价格的影响。在市场估值调整时，通过买入或卖出这些债券，它们寻求实现超额回报。该策略要求投资者对这些复杂金融工具的内在价值有深入的理解和评估能力，以便在市场波动中把握投资机会，同时控制潜在的风险，确保投资组合的整体表现符合预期收益和风险管理目标。

四、商业银行永续债和二级资本债风险防范策略

永续债和二级资本债作为商业银行资本结构中的重要组成部分，承担着补充银行资本的关键角色。永续债的一大特征是没有固定的到期日，这使得其在增强银行长期资本稳定性方面具有独特优势。尽管这种债券提供了不确定的回收时间框架，但高于普通债券的收益率使其对寻求高收益的机构投资者具有吸引力。永续债的这一结构特性也意味着其流动性和市场价值可能因银行的资本补充需求和监管政策的变化而受到较大影响。例如，银行因资本需求较大而选择不在行权期赎回这些债券，投资者可能面临较长时间的资本锁定，这种情况下债券的市场吸引力可能降低。

永续债会计处理的相关规定见表 7-2。

表7-2 永续债会计处理相关规定

日期	来源	相关规定
2014年3月	《金融负债与权益工具的区分及相关会计处理规定》	金融工具投资方（持有人）考虑持有的金融工具或其组成部分是权益工具还是债务工具投资时，应当遵循金融工具确认和计量准则和本规定的相关要求，通常应当与发行方对金融工具的权益或负债属性的分类保持一致
2019年1月	《永续债相关会计处理的规定》	持有方已执行新金融工具准则：持有方在判断持有的永续债是否属于权益工具投资时，应当遵循第22号准则和第37号准则的相关规定持有方暂未执行新金融工具准则：持有方在判断持有的永续债属于权益工具投资还是债务工具投资时，应当遵循第22号准则和第37号准则的相关规定，通常应当与发行方对该永续债的会计分类原则保持一致
2020年5月	《中国银保监会关于保险资金投资银行资本补充债券有关事项的通知》	保险资金投资的银行二级资本债券和无固定期限资本债券，应当按照发行人对其权益工具或者债务工具的分类，相应确认为权益类资产或者固定收益类资产，纳入相应监管比例管理
2020年7月	《标准化债权类资产认定规则相关资料》	对永续债，根据《企业会计准则》及发行机构会计归属等明确其资产属性为债权的，属于标债资产：资产属性不属于债权的，维持现行监管要求不变，且不按照《指导意见》有关非标资产监管要求处理

二级资本债则主要用于满足监管对银行资本充足率的要求，其在银行资本结构中占据次级地位。这类债券通常在银行资本遭受损失时才会承担损失，因此相较于普通债券，二级资本债提供更高的利率以补偿其较高的风险。对于信用资质较弱的商业银行而言，由于这些机构面临的资本衰减压力较大，它们可能更倾向于利用二级资本债长期滚动资本，以节省资本成本并避免频繁的资本重组。投资者在考虑投资这些银行发

行的二级资本债时，需要更加谨慎，深入分析商业银行的财务状况及其资本补充策略，以评估潜在的风险和回报。

对机构投资者而言，投资永续债和二级资本债不仅需要评估商业银行的信用资质和市场的资本需求，还必须考虑到监管环境的变化对银行资本政策的影响。监管政策的调整，如资本充足率要求的提高和会计处理方式的变更，都可能对这些债券的市场表现和投资价值产生重大影响。投资者需要密切关注金融市场的动态，包括利率变化、经济数据的发布，以及监管政策的更新，这些因素都是评估永续债和二级资本债投资机会的关键。商业银行通过良好的同业合作，有利于在永续债和二级资本债发行时，找到更多的投资者，确保发行的顺利并且较好地控制发行成本。

第八章　商业银行同业资产业务策略

第一节　市场定位策略

一、科学界定银行在同业金融业务市场中的具体定位

在金融市场日益全球化和竞争激烈的当今时代，商业银行的同业金融业务策略和市场定位显得尤为重要。商业银行在制定同业金融业务策略的初始阶段必须精确界定其在市场中的具体定位，这一步骤是商业银行未来业务发展和营销策略制定的基石。为了确立这一定位，银行需要全面评估自身的资金规模、技术能力、人力资源和市场影响力。例如，具备强大资金和先进技术的商业银行可能会倾向于开展大规模的跨国交易，技术能力较强但资金相对有限的银行则可能专注提供创新的金融技术服务。这种评估不仅反映银行的当前能力，还涉及其长远发展的战略规划，包括在全球市场中的布局以及对未来金融市场趋势的预判。

银行的风险偏好将直接影响其在面对市场波动和潜在风险时的策略选择。例如，对风险偏好较低的银行来说，它们可能更倾向于投资那些低风险、回报稳定的金融产品，如政府债券或高评级企业债。反之，对

于风险偏好较高的商业银行，它们可能更愿意涉足高收益但同样高风险的投资，如新兴市场债券或复杂的金融衍生产品。商业银行在确定自身市场定位时，必须根据自身的风险管理能力和市场环境来平衡其投资组合，确保能在追求高收益的同时将风险控制在可接受的范围内。商业银行的市场定位不仅关系其策略选择和风险管理，还决定了其在同业市场中的竞争方式和合作模式。在全球化的金融市场中，商业银行需要通过与其他金融机构的合作，来强化自身的市场地位和业务能力。这种合作可以是资本参与、技术共享或市场联合开发等多种形式。通过这样的战略联盟，商业银行不仅可以扩大自己的业务范围，还能利用合作伙伴的资源和优势，共同应对市场的不确定性和挑战。一个精准且合理的市场定位能使商业银行更好地理解和利用市场机会，形成与竞争对手区别化的竞争优势，最终在激烈的市场竞争中占据有利位置。

二、定位目标客户群体

商业银行应当基于自身的业务特点和市场定位，精准识别并选择其目标客户。这一选择过程不仅要考虑客户的行业属性，还需要综合考量客户的规模、市场活跃度以及财务状况。例如，商业银行可能会倾向于选择那些市场份额大、财务结构稳健的同业金融机构作为交易对手，因为这类客户能够为商业银行带来稳定的业务量和较低的违约风险。相反，如果商业银行的业务特色是灵活性和创新性，那么它可能更适合服务于那些需求多样化、成长性强的中小金融机构。在此过程中，商业银行需要通过市场调研来深入了解这些不同客户群体的具体需求，评估潜在的业务机会以及合作风险。

商业银行在选择目标客户时，必须进行详细的市场调研，这包括客户的购买行为、偏好的服务类型以及对金融产品的需求特点。商业银行可以通过数据分析来识别不同客户群体的行为模式，如通过客户的交易历史、财务报表分析等手段，来评估其财务健康状态和信用风险。这种分析不仅有助于商业银行优化其产品和服务以满足目标客户的需求，还可以预测客户未来可能的需求变化，从而提前进行产品创新和服务调整。商业银行的目标客户选择是一个复杂且动态的过程，需要商业银行不断调整其业务策略和产品设计，以适应市场的变化和客户需求的发展。在考虑与目标客户群体合作的潜在风险与机会时，商业银行必须综合评估合作的可行性及其对银行长期业务目标的贡献。例如，与大型券商的合作虽然可以带来稳定的收益流和较低的信用风险，但这些企业往往有较强的议价能力，可能压低商业银行的服务费用。相反，与中小型城市商业银行合作虽然面临更高的信用风险，但这为商业银行提供了在产品创新和服务模式上实施调整的机会，这些调整和优化有助于商业银行提高服务的灵活性和客户满意度。商业银行在选择目标客户时不仅要考虑短期的收益和风险，还需要考虑这些合作关系如何帮助商业银行实现其长远的战略目标和市场定位。

三、设计和实施具体的业务策略

在现代银行业，精确的市场定位和明确的目标客户群体是商业银行策略制定的基石。商业银行必须通过市场研究来识别和界定其主要服务的同业客户群体，这通常基于客户的特定需求、偏好及其经济行为。例如，若银行选择金融科技作为目标市场，就决定了银行须在产品和服务设计中融入高科技元素，如数字支付解决方案、区块链技术或高级数据安全服务，以满足这些中小金融机构对于金融交易效率和安全性的高要求。了解这些同业客户的资金流动特点和财务需求也至关重要，因为这将直接影响到银行产品的设计和功能。通过这样的定位，商业银行能够更精准地满足特定客户群体的需求，从而在竞争激烈的市场中占据优势。一旦确定了市场定位和目标客户群体，商业银行需要设计和实施具体的业务策略，这包括产品开发、营销推广和客户服务等关键环节。在产品设计阶段，商业银行应开发那些能够解决目标客户痛点的金融产品，并确保这些产品具有创新性和竞争力。例如，对于以消费金融公司为目标客户的银行，可能需要开发集成最新科技的支付系统，或提供支持大数据分析的金融服务，这些都是增强客户黏性和满意度的关键因素。在营销策略方面，利用数据分析来精准定位潜在客户，并通过数字营销平台，如社交媒体和在线广告等渠道，有效地将这些产品推广到目标市场。优化客户服务流程，如设置24小时在线客服和开发用户友好的移动应用，也是提升客户体验和建立品牌忠诚度的重要措施。

除了提供创新的产品和服务，商业银行还必须实施有效的风险管理策略，确保业务的持续稳定发展。这包括信用风险、市场风险及操作风险等管理。商业银行应通过构建先进的风险评估模型来识别和量化这些风险，并采取相应的缓解措施，如信用评估系统的优化和风险敞口的多元化。此外，实施适当的内部控制措施，确保所有操作符合监管要求，也是维护商业银行稳定运营的关键。

第二节　产品定价策略

在制定同业金融业务市场的产品策略时，商业银行需要仔细分析市场需求和客户特性，设计并推出符合市场趋势的创新金融产品和服务。产品创新是商业银行提升市场竞争力和吸引同业客户的重要手段。例如，商业银行可以开发定制化的同业融资产品，这些产品针对其他金融机构在特定情况下的资金需求，如短期流动性支持或长期项目融资。商业银行还可以推出短期资金周转产品，如日间透支和隔夜拆借，以满足市场上短期资金的调剂需求。通过这些产品，商业银行不仅能满足客户的具体需求，还能通过高质量的服务和产品差异化提升自身的市场份额和品牌影响力。商业银行在推出新产品时，还需要考虑产品的风险管理和合规性。在设计同业产品时，商业银行必须确保所有新推出的服务和产品都遵守相关的金融监管法规。这包括对涉及的信用风险、市场风险、操作风险等进行综合评估，并建立相应的风险控制机制。例如，当银行推出高杠杆的融资产品时，必须设计严格的信用评估流程和风险缓释措施，以防潜在的非支付风险。产品的定价也须考虑成本和风险因素，确保产品在满足市场需求的同时能为银行带来合理的收益。为确保产品策略的成功执行，商业银行应建立一个跨部门的产品开发团队，包括市场研究、风险管理、法律合规和业务运营等专业人员。这个团队负责从市场调研到产品设计、从风险评估到营销策略的全过程，确保每一个新产品都能精确对接市场需求，并迅速应对市场变化。通过持续监控产品性能和市场反馈，商业银行能够不断优化产品设计，快速调整市场策略，以应对日益激烈的市场竞争。通过这种系统化的产品策略实施，商业银行能够有效地提升其在同业市场中的竞争地位，同时增强客户关系和市场影响力。

一、市场需求分析

定价策略作为商业银行同业金融业务市场策略的核心，扮演着至关重要的角色。为了确立有效的定价策略，银行须进行深入的市场需求分析。这一分析不仅涉及了解当前的市场需求，还包括预测未来的需求趋势和客户的需求弹性。需求弹性具体指的是价格变化对客户需求量的影响程度，这一指标对于定价决策至关重要。

商业银行在制定定价策略时还需要考虑竞争对手的定价行为。通过对市场中同类产品的价格水平进行比较分析，商业银行可以确定自身的价格优势或劣势。这种竞争性定价不仅基于自身的成本结构和市场定位，还要考虑到行业内的价格趋势和竞争态势。例如，如果主要竞争对手降低了某一服务的价格，商业银行可能需要调整自己的定价策略，以保持竞争力和吸引客户。这种价格调整需要谨慎，避免触发激烈的价格战，这可能导致整个市场的利润水平下降。通过综合分析竞争对手的定价策略和市场反应，商业银行可以更有效地定位自己的价格，从而在保持竞争力的同时避免不必要的利润损失。

商业银行需要通过竞争性定价策略来吸引和保留客户，同时确保这一策略的可持续性。在定价时，除了直接的成本和竞争因素，商业银行还应考虑价格策略对品牌形象和客户忠诚度的长期影响。例如，持续的低价策略虽然可以短期内增加市场份额，但可能损害商业银行的品牌价值，使其在客户心目中的定位变为“低端”或“廉价”。相反地，合理的溢价策略，通过强调服务的附加值和独特性，可以增强客户的品牌忠诚度和满意度。在制定定价策略时，商业银行不仅需要关注市场和竞争环境，还应深入了解客户的心理预期和感知价值，确保价格策略的全面性和效果。

二、分析成本结构

在制定有效的定价策略时，商业银行必须精确分析和控制其成本结构，这对于确保银行的价格既具有市场竞争力又能维持良好盈利至关重要。银行成本结构主要包括资金成本、运营成本和风险成本。资金成本主要涉及银行资金的获取和使用成本，这直接关联到商业银行能否以竞争性的利率提供金融产品。运营成本涉及日常业务的管理和执行成本，包括人力资源成本、技术维护成本等。风险成本则与银行业务的潜在损失相关，这通常取决于业务的风险程度和银行的风险管理能力。例如，涉及高风险市场的同业金融业务可能要求商业银行设定更高的价格以补偿风险的潜在损失。通过综合评估这些成本，商业银行可以更准确地定价其金融产品和服务，确保既满足市场需求也保持利润率。通过引入自动化和数字化的解决方案，如自动化的客户服务系统、基于云计算的数据管理系统等，商业银行可以显著降低人力和操作成本。这不仅提升了服务效率，还增强了客户体验，使商业银行能够以更具吸引力的价格提供服务，从而在竞争中占据优势。例如，通过部署先进的风险管理软件，商业银行可以更有效地预测和控制交易违约等风险，相应地降低风险成本，使商业银行能够在风险控制得当的前提下，提供更优惠的拆借利率给客户。在考虑长期客户关系的建设时，商业银行定价策略中要加入差异化和激励机制。例如，对于长期合作的同业客户，商业银行可以提供优惠的价格结构或增值服务，如定制的财务顾问服务、优先处理的业务通道等，以此增强客户的忠诚度和黏性。这种策略不仅有助于维持稳定的业务来源，还能通过口碑推广增加新客户的获取。通过这样的激励机制，商业银行不仅能够增强现有客户的满意度和忠诚度，还能在激烈的市场竞争中塑造良好的品牌形象和维护良好的客户关系，从而实现长期的业务成长和盈利。

三、外部经济环境和监管政策的变化

在制定定价策略的过程中，商业银行必须考虑外部经济环境的波动和变化，这些因素包括利率变动、市场流动性条件以及宏观经济政策的调整。例如，利率的上升或下降直接影响银行的资金成本，从而影响同业借款和其他金融产品的定价。在低利率环境下，商业银行可能倾向降低借款利率以吸引更多的借款人，反之亦然。市场流动性的变化也对银行的资金来源和成本产生重大影响。在流动性紧张的市场环境下，商业银行可能需要以更高的成本获取资金，这可能迫使银行提高贷款和服务的价格以保持营利性。宏观经济政策如财政刺激措施或紧缩政策也会影响整体经济活动和银行业务，如影响企业的投资决策和消费者的支出行为。监管政策的调整是另一个关键因素，它直接影响商业银行业务的运营成本和收益结构。由于金融监管环境的变化，商业银行可能需要调整其业务模式和产品设计以符合新的监管要求，这可能导致成本增加。例如，增强的资本充足率要求可能迫使商业银行增加保留资本，从而影响其利用资本的能力和定价策略。对于非标准同业投资的额外监管，可能导致这些投资的成本上升，从而影响定价。商业银行需要始终关注监管政策的变化，并评估这些变化对业务策略的影响，确保其定价策略不仅符合监管要求，而且能够适应监管环境的变化。商业银行在制定定价策略时，需要通过动态的价格管理机制来应对这些外部变化。这种机制应该能够灵活地调整价格以响应经济和监管环境的变化，确保银行产品和服务的价格始终在竞争力和营利性之间保持平衡。通过这样的策略，商业银行能够更有效地应对外部经济和政策的不确定性，优化其资源配置，从而在激烈的市场竞争中维持和提升其市场地位。这不仅有助于商业银行在不断变化的市场中保持竞争力，也确保了其长期的业务稳定性和盈利能力。

第三节　营销策略

营销策略在商业银行的同业金融业务中占据了核心地位，这一业务领域相对较新，尚处于起步阶段。对营销理念、战略和策略的理解与应用尤为重要。商业银行的同业部门提供包括同业投资和代销基金等在内的多种服务，涉及券商衍生品交易、逆回购、代销公募基金以及其他策略性咨询服务。这些服务的市场营销需要遵循商业营销的通用原则，同时须展现出商业银行服务的独特性。

为了确保商业银行在同业金融业务的市场营销中取得成功，商业银行必须深入理解并实施以顾客价值为核心的营销策略。这意味着商业银行需要精准地洞察并满足客户的需求和期望，特别是在高度竞争的金融市场中，这种客户导向的策略尤为重要。顾客价值的理解不仅涉及服务的功能性满足，更包括提供符合或超出客户期望的服务体验。例如，商业银行可以通过提供定制化的金融解决方案和优质的客户服务来增强客户的忠诚度和满意度，从而在长期内赢得客户。商业银行还应利用先进的数据分析工具来深化对客户行为的理解，使营销策略更加精准和有效。

商业银行开展同业金融业务的营销策略应考虑其自身的特点和市场优势，并在此基础上实现战略上的突破。在制定营销策略时，商业银行应强化其在市场中的竞争地位，利用其在特定领域，如资本运作、风险管理或国际业务中的专长，以区别于其他竞争对手。商业银行应不断创新其服务产品，通过技术进步提高服务效率，满足市场的动态需求。例如，通过开发在线平台和移动应用，商业银行可以提供更加便捷和个性化的同业平台服务，吸引并维护广泛的客户群。通过这些综合策略，商业银行不仅能够提高自身的市场份额，还能在激烈的市场竞争中保持领先地位，实现持续的业务增长和利润最大化。

一、在发展规划上实施长远战略

在全球金融市场日益融合的背景下，中国的商业银行正在经历从传统的分业经营模式向银行集团模式的转型。这一变革主要受到国内外市场环境和监管政策的双重推动。在此过程中，同业金融业务成为国内商业银行拓展服务范围、提升综合竞争力的关键领域。尽管目前我国商业银行在同业金融业务领域的参与相对处于起步阶段，但资本市场的快速发展和经济全球化的加深为同业金融业务提供了巨大的市场潜力和发展空间。因此国内商业银行应及时抓住这些发展机会，采取积极的策略，通过长远的战略规划引领其同业金融业务的发展。这意味着商业银行不仅要在短期内迅速建立起同业金融业务的基本框架和操作能力，更要在战略上进行深远考虑，制定长期目标。商业银行应依托自身长期积累的资金实力、客户基础、分支机构网络和良好的对外信誉等核心竞争优势，系统地推进同业金融业务的多元化和国际化。例如，可以通过与国内外投资机构和金融市场的合作，引入先进的金融工具和管理经验，同时积极培养专业的同业金融业务团队，不断提升业务的专业化和市场响应速度。

在具体实施中，商业银行需要充分利用其在传统银行业务中形成的客户资源和市场信誉，积极开拓同业存款、同业拆借等同业金融业务。通过为客户提供全方位的金融服务，不仅可以深化与客户的业务联系，增强客户黏性，还可以通过这些高附加值服务提高自身的盈利能力和市场份额。商业银行还应关注市场动态和政策变化，灵活调整业务策略，确保在复杂多变的市场环境中保持竞争力。

二、树立整体营销策略观

在中国，同业金融业务的发展正成为银行战略转型的关键领域，商业银行需要突破传统的部门分割状态，转向以综合服务模式为蓝本的组织架构和经营理念的整合。这种转变不仅涉及结构上的调整，而且涉及文化和战略上的全面转型。在综合服务模式下，商业银行能够更有效地整合各类资源，发挥整体竞争优势。这种整合要求银行内部各部门如资本市场业务、资产管理、国际业务、研发及公司业务等部门能够更加协同工作。这不仅加强了内部效率，也使商业银行能够在市场上做出更快速和灵活的反应。例如，通过资源整合，商业银行可以在全球多个市场同时推出金融产品，或针对特定行业提供定制化的金融解决方案，从而提高服务的质量和效率。在开展同业金融业务时，商业银行必须考虑客户需求的多样性和个性化。这要求银行不仅提供标准化的产品，还要根据不同客户的具体情况及其在不同时间段内的融资需求，提供定制化的服务。这种服务模式的实施依赖于对客户深入的理解和精准的市场定位。通过实施多元化和全方位的融资服务，商业银行不仅可以满足同业客户的具体需求，还可以在竞争中保持优势，扩大市场份额。例如，对一个寻求资金流动性管理的同业客户，商业银行可以提供定制的同业拆借服务、存放同业、债券逆回购等方案，帮助客户管理其短期资金需求，同时增强商业银行与同业客户之间的业务联系。

为有效实施上述策略，商业银行需要建立一个集中统一的管理机构来协调全行的同业业务。这种管理机构不仅负责日常的业务协调和策略制定，还要负责监测市场动态和调整业务方向。在经济情况较好或条件成熟的地区，银行还应考虑建立专门的同业金融业务机构，这些机构可以专注于当地同业的特定需求，同时保持与总行的紧密联系，确保策略的一致性和执行的高效性。

三、在拓展业务上实施多元化战略

在当前激烈的商业银行竞争环境中，采用“以客户为中心”的策略对于成功实施同业金融业务至关重要。商业银行开展同业金融业务时，必须从客户的核心需求出发，设计和实施多元化、个性化、系统化的同业服务。这要求商业银行深入了解不同银行及金融机构的财务需求、流动性偏好和风险承受能力，以便为它们提供量身定制的解决方案。例如，对于需要优化资本结构的银行，可以提供同业存款或资金再融资服务；对于寻求短期资金调配的银行，可以提供同业拆借服务。这种以客户为中心的服务不仅可以增强合作银行的满意度和忠诚度，还能帮助主办银行在竞争激烈的市场中保持优势。为了有效实施多元化营销策略，商业银行需要跳出传统的同业资金业务框架，广泛开展同业金融业务，将其作为核心竞争力的一部分。这包括开发和提供同业拆借、资金管理、流动性支持及风险管理等服务。通过这些服务，商业银行不仅能满足其他金融机构的基本资金需求，还能提供更高附加值的资金管理和风险对冲服务。例如，通过提供定制的流动性解决方案，商业银行可以帮助合作机构优化其资金使用效率；通过创新的金融产品，如衍生工具和结构性产品，商业银行可以为合作伙伴提供有效的风险管理方案。这些服务的多样性和高度个性化是商业银行吸引和维护合作银行及金融机构的关键因素。

在实施多元化战略时，商业银行须确保整个组织的协同作用，这意味着商业银行内部各部门间的业务协调和信息流通必须高效且无障碍。例如，同业金融业务部门与交易银行部、投资银行部、金融市场部等部门之间需要共享市场分析和客户信息，以便联合提供综合金融服务。银行还需要定期评估服务效果，根据市场反馈和经济变化调整服务策略。

四、实际运作中实施品牌战略

在当前金融市场的竞争格局中，同业金融业务已成为众多商业银行争夺的重点领域。为了从这一高度竞争的市场中脱颖而出，商业银行必须建立并维护一个独具特色的品牌形象。品牌战略的实施不仅关系到银行的市场定位，也是其持续成长和吸引同行客户的关键。在实施品牌战略时，商业银行需要准确地识别和强化其在特定服务领域的优势，通过这些优势来塑造品牌个性，从而在同行客户心中建立一个明确、独特且可信赖的形象。例如，一家商业银行如果在同业拆借方面具有丰富经验和突出成绩，那么就可以通过营销活动强调其在该领域的专业能力和成功案例，从而吸引寻求类似服务的银行。

第四节　风险管理策略

在商业银行的运营中，同业资产业务，如同业拆借和证券投资，成为银行资本利用和风险管理的重要组成部分。然而，这些业务在提供流动性和收益机会的同时产生了不少风险，商业银行必须实施有效的风险管理策略来确保稳健运营。

一、风险识别和评估

在商业银行的同业资产业务中，有效的风险管理策略始于精确的风险识别与评估。商业银行必须定期进行全面的风险评估，涵盖信用风险、市场风险、流动性风险及操作风险等多个方面。这一过程需要运用高级的统计方法和风险评估模型，以确保风险的定量化和精确监控。例如，在信用风险的管理中，商业银行应评估和监控单一对手方或集团对手方的信用状况，设置合理的信用敞口限制，从而降低潜在的信用损失。这种评估不仅要关注当前的信用状态，还要预测未来可能的信用变动，以实现更有效的风险控制。

针对市场风险，商业银行需要关注市场条件的波动，如利率和市场流动性的变化，这些因素都可能影响同业资产的价值。通过敏感度分析和压力测试，银行能够评估在不同市场情景下资产价值的波动情况，从而采取相应的策略以缓解潜在的市场风险。例如，商业银行可以通过对冲操作或调整资产组合的结构来减少利率变动的负面影响。此外，通过建立强大的市场监控系统，商业银行能实时跟踪金融市场动态，迅速做出响应，以保护其资产免受市场波动的不利影响。流动性风险管理则要求商业银行确保有足够的流动性以应对各种现金流需求和市场压力。商业银行应制订详细的流动性管理计划，包括建立紧急资金来源和流动性缓冲政策。例如，商业银行可以通过多渠道筹集短期资金或设立流动性储备，确保在资金紧张时可以迅速动用。通过持续监测流动性比率和现金流状况，商业银行可以及时调整其资金管理策略，以适应市场环境的变化，确保长期的资金安全和稳定。操作风险的管理关注于内部过程、人员和系统的潜在缺陷，这些风险如果不加以控制，可能导致重大的金融损失。商业银行需要不断完善其内部控制系统，强化员工的风险意识培训，优化技术系统以预防故障。通过建立一套全面的风险管理框架和审计流程，商业银行能够及时识别和纠正操作过程中的错误，降低风险事件的发生频率和影响。这些措施将共同构成商业银行同业资产业务风险管理的核心，使银行能够在追求业务增长的同时，确保整体的业务安全和稳定。

二、建立健全的风险限额和风险缓释机制

在商业银行的风险管理实践中，建立健全的风险限额体系是控制同业金融业务中风险敞口的关键策略。通过设定明确的风险限额，商业银行能够有效防止资本过度集中于单一对手或资产类别，从而降低潜在的损失风险。在具体操作中，商业银行可以通过内部风险评估机制，根据

对手方的信用评级、历史交易行为及其市场表现，设定信用敞口限额。同时，对于市场风险，银行可以根据市场波动的历史数据和未来预测，设置相应的市场敞口限额。这种风险限额的管理不仅需要定期的复审和调整以适应市场变化，还需要商业银行高级管理层的积极参与和审批，确保风险管理措施与商业银行的整体业务策略和风险承受能力相匹配。为了进一步缓解同业金融业务中的风险，商业银行应采取多元化的风险缓释措施。首先是通过要求对方提供担保或抵押物来降低信用风险，特别是在进行高风险的同业拆借时，质押物的存在显著提高了债务的安全性，减少了银行潜在的损失。其次，银行通过分散化投资策略来管理和分散市场风险，这包括在不同行业、不同地区以及不同信用等级的金融工具中投资。这种分散化不仅体现在地理和行业上，还体现在资产类型和到期时间上，从而最大化地降低由市场波动引起的负面影响。

保持充足的流动性储备是银行风险管理中不可或缺的一环。流动性储备能够确保在市场压力或资金流出高峰时，商业银行能够满足现金需求，维持日常运营不受影响。商业银行通常会设立紧急资金池，并采取多种措施来保证资金的快速可用性，例如，维持一定比例的高流动性资产，如政府债券等。商业银行还应持续监控市场条件和自身的资金状况，定期进行流动性压力测试，确保在任何时候都能迅速应对资金需求，有效管理流动性风险。

三、实施持续的风险监控和动态调整策略

在现代商业银行的风险管理体系中，实施持续的风险监控和动态调整策略是确保商业银行稳健运营的核心组成部分。为了有效应对市场变化和内部风险的演变，商业银行必须建立一个全面的风险监控系统。这一系统能够实时捕捉和分析各种风险因素，包括市场风险、信用风险、流动性风险和操作风险等。通过运用先进的风险管理工具和技术，如风险数据库、实时监控软件以及定量分析模型，商业银行能够及时获得关

键风险指标的变化情况，从而在风险发生前采取预防或缓解措施。为了增强风险管理的前瞻性和适应性，商业银行应定期进行风险评估，这一过程包括对现有风险状况的全面复审及对潜在风险点的识别。随着经济和市场环境的变化，原有的风险评估模型和假设可能不再适用，因此需要定期更新风险评估参数和方法。定期的风险评估不仅有助于商业银行及时发现新的风险趋势和薄弱环节，也是商业银行制定风险应对策略和调整业务策略的重要依据。通过压力测试，商业银行可以模拟不同经济和金融情景下的业务表现和风险暴露，确保在极端市场条件下仍能维持关键操作和财务稳定。

风险报告和沟通机制的建立是提升银行风险管理透明度和效率的关键。详细的风险报告不仅为银行管理层提供了决策支持，也满足了监管机构对银行风险管理状况的监控要求。银行应定期向管理层和监管机构报告其风险状况，包括风险类型、级别、趋势以及已采取和计划采取的风险控制措施。此外，商业银行应加强内部部门之间的沟通和协作，确保风险信息在组织内部的有效流通。

第五节　竞争策略

一、竞争情报的收集与分析

商业银行在激烈的市场竞争中须密切关注竞争情报的收集与分析，以确保其战略的及时性和有效性。监控竞争对手的动向涉及多个层面，包括业务策略、市场表现、产品创新以及定价策略等。例如，商业银行可以通过订阅行业报告、分析竞争对手的财务公告或使用高级市场监测工具来获取这些信息。这种系统化的情报收集使商业银行能够构建全面的数据框架，从而在对竞争环境的理解上保持领先。

通过对收集到的竞争情报进行深入分析，银行能够识别市场趋势和潜在机会。这种分析不仅是对数据的简单汇总，更是对数据背后逻辑的探索和理解。例如，当竞争对手在特定区域成功推广一款新的金融产品时，分析其成功的关键因素，如目标客户群、营销策略、产品特性等，对银行调整其市场策略至关重要。通过模拟和预测分析，商业银行可以预见竞争对手可能的未来行动，从而提前布局，优化自己的市场响应策略。在此过程中，使用先进的数据分析技术和工具，如人工智能和大数据分析，将极大地增强分析的准确性和效率。对于竞争情报的实际应用，商业银行需将其整合入战略决策中。这不仅是反应性的策略调整，更是主动出击的战术部署。通过详细的市场分析报告，商业银行能够针对每一项竞争对手的优势进行深入研究和策略制定。例如，通过识别竞争对手产品中的弱点，商业银行可以开发具有竞争力的新产品，或通过优化现有服务来提升自身的市场竞争力。这种基于情报的战略调整，使商业银行不仅能够在现有市场保持竞争力，也能在新市场建立强大的业务根基，最终实现可持续的商业成功。

二、分析市场策略的灵活性和适应性

在现代金融市场中，银行业的市场策略必须具备高度的灵活性和适应性，以应对快速变化的市场环境。市场动态、客户需求的变化以及技术的快速进步是商业银行必须持续关注的关键领域。特别是在金融科技领域的发展推动下，传统银行业务模式面临前所未有的挑战和变革压力。例如，随着区块链技术的发展和应用，许多银行开始探索如何利用这项技术改进支付系统和增强交易安全。商业银行的市场策略需要不断调整，以便更好地整合新技术，提升服务质量和效率。

商业银行应通过优化内部资源配置来增强市场策略的实施效果。这包括跨部门的有效协作和资源共享，确保策略调整能迅速响应市场变化。

在实施新技术或服务模式时，商业银行可以通过建立项目管理办公室，协调各部门间的合作，确保项目按时完成并达到预期效果。通过建立内部数据分析团队，商业银行能够实时监控市场动态和客户行为，从而更准确地预测市场趋势和调整策略。有效的内部协作不仅能优化资源分配，也能提高商业银行对外部挑战的响应速度和质量。

在确保市场策略的灵活性和适应性方面，商业银行还须考虑策略实施的可持续性和长远影响。随着全球经济环境的不断变化，商业银行必须在确保当前竞争优势的同时规划未来的发展方向。

三、持续进行员工培训、技术升级及创新研发

商业银行为了在市场中保持竞争优势，需要构建以持续学习和改进为核心的组织文化。员工培训是此战略的重要组成部分，通过系统的培训计划，商业银行能够提升员工的业务技能和专业知识，从而提高整体服务质量和效率。例如，商业银行可以设立内部学院，定期举办金融法规、新产品知识、客户服务技巧等培训，确保员工能够跟上行业发展的步伐。银行通过持续培训还能够培养员工的创新意识和解决问题的能力，这对于应对未来市场的不确定性至关重要。

随着科技的迅速进步，商业银行业务正在经历前所未有的变革。通过投资最新的金融科技，如区块链、人工智能和机器学习技术，银行不仅可以提高操作效率，还可以提升风险管理的能力。例如，一些银行已开始利用人工智能进行信贷审批，这不仅缩短了审批时间，还降低了人为错误的可能性。持续的技术升级不仅是银行提高内部效率的需要，也是保持市场竞争力的必要条件。通过不断的产品和服务创新，商业银行能够满足日益变化的市场需求和客户期望。创新研发不仅包括新产品的开发，还包括对现有服务的改进和优化。商业银行可以通过与科技公司的合作，引入新的技术和思路，以推动产品创新。这种外部合作使商业

银行能够快速吸收和应用新兴技术，加速创新过程。例如，通过与金融科技创业公司合作，一些商业银行已成功开发出面向特定客户群的定制金融解决方案，这些解决方案在市场上获得了良好的反响。通过这种持续的创新努力，商业银行不仅能够提升其产品的竞争力，也能够在市场中占据先机，从而实现持续的业务增长和盈利。

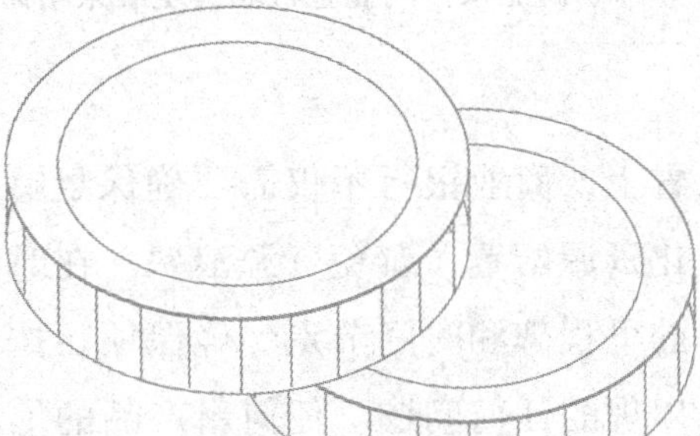

第九章　商业银行同业金融服务创新战略

第一节　新产品开发的战略

在当前金融行业的发展趋势下，科技的快速进步和市场竞争的加剧促使商业银行不断探索和研发新兴金融产品。这种探索不仅是为了满足市场需求，更是为了在竞争激烈的市场环境中确保自身的持续成长和竞争优势。商业银行在研发新兴金融产品的过程中，需要进行全面的市场调研，包括了解市场的最新趋势、客户需求的变化以及竞争对手的产品创新动态。通过这些数据的收集和分析，商业银行可以确定哪些金融产品是市场所急需的、哪些是可能带来创新突破的。商业银行还需要评估自身的技术能力和资源配置，确保所研发的新产品能够在现有的技术和资本支持下顺利实施。研发新兴金融产品的策略制定也必须科学合理，包括选择正确的研发方向、设置合理的研发预算以及制定详细的产品开发时间表。商业银行应该选择那些能够反映市场趋势、技术进步和监管政策变化的产品方向。例如，金融科技的发展，数字货币、区块链技术应用、人工智能在信贷评估中的应用等成为研发热点。在资金和资源配置上，商业银行不仅需要确保足够的投入以支持项目的研发，也需要优化资源配置，避免资源浪费。在时间管理方面，商业银行应该制定明确的里程碑和时间节点，确保项目按计划推进，及时调整应对研发过程中出现的任何问题。任何新产品的推出都必须符合行业监管的要求，确保产品的合法性和安全性。商业银行在研发过程中应与监管机构保持密切沟通，了解最新的监管政策和法规。商业银行应建立严格的风险评估体系，从产品设计初期就开始进行风险识别和评估。通过这些措施，商业银行可以在确保新产品符合市场和监管要求的同时最大限度地降低潜在风险，确保产品研发的成功和银行业务的稳健发展。这些策略的合理制定和执行，是商业银行在激烈的市场竞争中保持领先地位的关键。

一、市场需求

在当今市场环境中，商业银行研发新兴金融产品的首要任务是确保这些产品能够满足市场的具体需求。为达成此目标，商业银行必须投入资源进行广泛的市场调查和数据分析，包括定量的消费者调研、竞争对手分析以及市场趋势的预测，以精确捕捉消费者的需求和偏好。通过这些方法，商业银行可以确定消费者对新兴金融产品的需求点，如同业交易便利性、资产管理、风险投资解决方案等。市场调查还应深入探讨不同客户群体的特定需求，如中小型城市商业银行金融科技水平较弱，大型国有银行或股份制银行可向其输出金融科技服务。

除了直接的同业交易需求，商业银行在开发同业交易产品时还应考虑宏观经济因素、人口结构变化、政策法规的影响等。例如，全球人口老龄化，退休金管理和老年相关的财务规划服务的需求正在增加。商业银行可与保险公司、基金公司联合开发能够帮助这一群体有效管理其退休资金的产品。经济状况的波动会影响消费者的金融需求和风险承受能力，因此银行产品开发需要考虑经济周期的变化，以适应市场在不同经济状况下的需求。政策法规的变化是银行应重视的因素，新的法律法规可能会创造新的市场需求或限制某些金融产品的发展，因此商业银行在产品开发过程中必须保持与监管机构的良好沟通，确保产品符合所有法规要求。

为确保新兴金融产品能够有效满足市场需求并实现商业成功，商业银行应建立一个持续的产品评估和迭代机制。这意味着商业银行不仅要在产品推出前进行市场调研，而且要在产品推出后继续监控其市场表现和客户反馈。通过收集产品的使用数据和同业客户反馈，商业银行可以对产品进行调整和优化，以更好地适应市场变化和客户需求。这种动态的调整过程将帮助银行持续改进其产品线，提高客户满意度，从而在竞争日益激烈的金融市场中保持领先地位。通过这三个方面的综合考虑和执行，商业银行可以更有效地发展新兴金融产品，满足市场需求，同时增强自身的市场竞争力。

二、技术创新

在科技的飞速进步背景下，特别是在大数据、人工智能、区块链和机器学习等领域的突破，商业银行有机会通过引入这些先进技术，开拓金融产品的新领域。这种技术驱动的创新不只是改善现有金融产品的功能，更重要的是能够开发全新的产品，这些产品能够提供更加精准的风险管理、更高效的交易处理以及更个性化的客户服务。例如，利用人工智能技术，商业银行可以开发智能投研顾问，为中小型城市商业银行提供基于其财务状况和投资偏好的定制化投资建议。通过技术创新，商业银行能够突破传统金融产品的局限，满足更广泛的市场需求，提升客户体验。商业银行在进行技术创新时，需要确保其研发活动与市场趋势和消费者需求紧密相连。这意味着银行在开发新型金融产品之前，应进行深入的市场调查和趋势分析，以确定哪些技术创新能够带来实际的市场优势。商业银行还需评估各种技术的成熟度和集成成本，选择性价比最高的技术进行投资和应用，以确保技术创新能够在增强竞争力的同时符合经济效益。

为实现技术创新的持续推进，商业银行应建立专门的研发团队，负责新技术的研究和产品开发。这个团队不仅要包括金融专家，还要有IT专家、数据科学家以及用户体验设计师等，从而使新开发的金融产品既保证技术先进，又能满足实际的商业需求和同业客户期望。商业银行应与科技公司、学术机构和其他金融机构建立合作关系，通过这些合作获得技术支持和创新灵感。通过这样的系统性策略，商业银行能够有效利用技术创新，提升其在激烈市场竞争中的地位，不断为客户和市场带来价值。

三、服务质量

在金融产品开发中，服务质量的优劣直接影响着产品的市场接受度和客户满意度，因此商业银行在研发新兴金融产品时必须重视其服务质量。优质的服务不仅包括提供符合需求的金融产品，更包括保证产品的可靠性、安全性和用户体验。商业银行需要确保每一个新产品都经过严格的市场测试，以验证其基本性能和安全性。商业银行应聚焦于服务细节，如简化客户操作流程、提供及时响应的客户服务和建立完善的客户反馈机制。通过这些措施，商业银行不仅能够提升产品的质量，也能在客户中建立起信誉，增强客户的忠诚度。

为保持服务质量，商业银行应投入资源进行持续的服务改进和创新，包括采用最新技术来优化服务流程和增强客户交互体验。例如，利用大数据分析来预测和满足客户需求，使用人工智能提供个性化的金融咨询服务，或是通过区块链技术提高交易的透明度和效率。商业银行还应关注产品的全生命周期管理，从产品设计到市场推广、客户培训以及售后支持等每一个环节都应严格控制质量。通过提供高标准的服务，商业银行可以更好地满足客户的期望，从而在竞争激烈的市场中脱颖而出。商业银行在提升服务质量的过程中，应强化内部培训和文化建设，确保每位员工都能提供与银行品牌相符的高标准服务。员工应接受定期的服务质量和客户关系管理培训，以保持他们的专业能力和服务意识。商业银行应建立一套完善的服务质量监控和奖惩系统，激励员工提升服务质量，及时纠正服务中的不足。通过这种全员参与的方式，商业银行能够在组织内部形成以客户为中心的服务文化，进一步提升服务质量，增强新兴金融产品的市场竞争力。这些策略的综合运用不仅能够确保新产品成功推广，还能长期赢得客户的深度信赖和支持。

四、成本控制

新兴金融产品往往涉及高初始投入，包括市场调研、技术开发、法律合规以及产品推广等多个方面。商业银行在启动新项目时需要进行全面的成本效益分析，预测产品的潜在收益和市场接受度，以此确定是否投资开发新产品。商业银行应设置合理的预算限制，在保证产品质量和市场竞争力的前提下，通过优化资源分配和采用成本效益高的技术解决方案来控制成本。例如，采用敏捷开发方法可以在产品开发过程中逐步迭代，及时调整方向，避免不必要的成本浪费。除了直接成本控制，商业银行还可以通过提高操作效率来降低成本。这可以通过整合内部资源、优化业务流程、自动化常规任务以及利用外包服务来实现。例如，商业银行可以通过同业合作伙伴关系利用外部资源进行某些特定环节的研发，减少内部资源的消耗；应用机器学习和人工智能技术可以自动处理大量数据分析工作，从而减少人工成本并提升决策效率。这些措施不仅有助于降低成本，还能加快产品上市时间，从而更快地实现投资回报。高质量的产品和卓越的客户服务是保持竞争力和持续盈利的关键。商业银行在削减不必要的支出的同时必须确保有足够的资金投入到产品创新和客户满意度提升等方面。通过精细化管理，精准定位投资方向，确保每一分投入都能产生最大的价值。综合应用这些策略，商业银行可以有效控制成本，同时保证新兴金融产品的市场竞争力和长期盈利能力。

五、合作与交流

在当今快速发展的金融行业中，商业银行面临着创新产品和服务的持续需求。为了有效应对这一挑战，商业银行必须采取开放的策略，与外部实体，如IT公司、行业专家和传媒机构建立合作关系。通过这些合作关系，商业银行不仅能获得关于市场需求和技术趋势的第一手资料，还能在创新过程中获得关键的技术和专业支持。例如，IT公司在提供先进的技术解决方案方面扮演着不可或缺的角色，这些技术解决方案能够使银行产品更加智能化和客户友好；行业专家通过其深入的市场理解和经验可以为产品开发提供战略指导；而传媒机构的参与有助于有效地推广这些新兴产品，确保其市场可见度和客户接受度。合作不仅是资源的共享，更是知识和创意的交流。通过与各方的紧密合作，商业银行能够在产品设计初期就能融入多方面的专业知识，这种从多个维度进行的设计可以极大地提升产品创新的质量和效率。例如，与IT公司的合作使银行利用最新的大数据和人工智能技术来分析客户数据，从而设计出更加个性化的同业金融产品；与传媒机构的合作不仅帮助银行有效传递品牌信息，也有助于收集市场反馈，这些反馈是产品迭代和优化的宝贵资源。这种跨领域的合作不仅加速了新金融产品的研发，也提升了银行服务的整体质量和市场竞争力。

在同业金融产品的创新过程中，合作与交流的实践还表明，这些活动有助于商业银行在竞争激烈的市场中构筑更为坚实的市场地位。通过与不同领域的合作伙伴共同探索和开发金融产品，商业银行不仅能够扩大其产品和服务的范围，还能提高其在市场中的影响力。这种通过合作获得的竞争优势是单靠银行内部资源难以实现的。例如，商业银行与科技巨头合作开发的区块链技术，不仅提高了交易的安全性和透明度，也为商业银行赢得了金融创新的领导地位。这显示了外部合作在推动金融创新和增强银行竞争力中的核心作用。在当前的金融领域，商业银行通过研发新兴金融产品发挥着推动市场创新和满足客户需求的关键作用。这些新兴金融产品不仅需要响应市场的实际需求，还必须融入最新的技术，确保服务质量，并在此基础上进行成本控制。例如，移动支付和数字银行的兴起，使消费者逐渐倾向于使用快速、安全且体验感好的金融服务，这就要求商业银行在产品开发中必须考虑相关技术的集成和优化，从而为消费者提供更好的产品。这种产品创新必须在可持续的成本结构内进行，确保银行在提供创新服务的同时能保持其财务健康和盈利能力。

商业银行应采用基于数据的决策支持系统来预测和分析消费者需求，同时评估潜在的技术发展路径。通过这种方法，银行能够在产品开发早期阶段就识别并整合关键的消费者需求和技术趋势，从而设计出能够真正解决市场痛点的金融产品。例如，利用大数据分析中小金融机构投资行为，银行可以开发更为精准的同业融资及向客户推荐更匹配的基金产品，这些产品不仅更符合同业客户的偏好，也提高了银行的营销成效。这种以数据为基础的创新方法不仅提升了产品的市场接受度，也增强了银行的市场竞争力。

在保证服务质量的前提下，商业银行发展同业金融中间业务还需要有效地控制成本，并通过合作与交流获得技术和市场的支持。例如，通过与科技公司合作，银行可以降低自身技术研发的成本和风险，同时利用合作伙伴的技术优势快速提升金融产品的技术含量和市场竞争力。与其他同业金融机构的交流可以帮助商业银行了解行业趋势，避免在研发过程中重复投资，并促使行业内的健康竞争和技术共享。这种策略不仅有助于银行优化其产品投资组合，也有助于银行在激烈的市场竞争中保持领先地位，提供高质量的客户服务，从而赢得更广泛的市场认可。

第二节　金融科技在同业金融业务中的应用前景

数字化浪潮的汹涌，一系列新兴的互联网金融企业和产品迅速崛起，这些企业和产品利用网络效应和长尾效应，快速占领了市场，改变了传统的金融服务模式。特别是在提供用户体验方面，互联网金融公司凭借其灵活性和创新性，成功实现了“体验为王”的市场策略，吸引了大量的用户。互联网金融还展示了赢家通吃的市场特征，一旦企业获得市场优势，就能通过网络效应迅速扩大其市场份额。这种市场特征给传统商业银行带来了前所未有的挑战，传统商业银行面临要重新考量其服务模式和业务策略的紧迫性。

面对这种挑战，商业银行必须深入分析自身的优劣势，制定有效的应对策略。商业银行的主要优势在于其深厚的客户基础、广泛的业务网络、丰富的行业经验以及在大规模资金管理和风险控制方面的专业能力。相比新兴的互联网金融企业，商业银行在信贷、投资、管理等传统金融服务方面拥有不可比拟的优势。商业银行应通过整合传统银行业务与利用互联网技术发展数字银行同业金融服务平台，提高服务的便捷性和可访问性，从而改善客户体验。商业银行可以利用其在风险管理和资本运营方面的深厚积累，完善同业服务平台，如基于大数据的信用评估工具，以及为中小金融机构提供定制化财富管理、客户管理、风险管理等金融解决方案。通过这些措施，商业银行不仅能有效降低互联网金融对其的冲击，还能在激烈的市场竞争中巩固甚至扩大其市场份额。

一、SWOT 分析

在当前的“互联网 + 金融”时代，商业银行面临多方面的机遇与挑战。在进行 SWOT 分析时，首先须考量商业银行的优势，这些优势包括其深厚的品牌信誉、完善的线下网点网络、经验丰富的客户经理队伍、成熟的风险管理体系、庞大的客户资源、雄厚的资金实力以及网络银行等产品的先发优势。商业银行对金融监管环境有深入的了解和应对策略，使其在传统金融服务领域保持领先地位。这些优势使商业银行能够提供全面的金融服务，满足客户在各个层面的金融需求，从而在金融市场中占据稳固的地位。

商业银行在转型过程中也存在明显的劣势，如创新点分散、线上线下服务未能有效统筹整合、业务布局不够全面、缺乏有效的配套机制、创新效率低下以及缺乏互联网基因等问题均限制了其在快速变化的市场环境中的适应性和竞争力。例如，在代销基金方面，商业银行平台用户体验不足、专业技术队伍建设相对滞后、技术开发流程漫长以及系统迭代速度慢，进一步加剧了商业银行面对新兴互联网金融企业时的竞争压力。这些劣势表明，传统商业银行需要加快创新步伐，优化内部管理，强化技术研发与应用，以提升服务效率和客户满意度。

对于机会与挑战的分析，商业银行可以利用监管机构将互联网金融纳入监管、市场上新的金融需求、信息技术的快速发展及大数据的应用等机会，来扩展业务范围和提升服务质量。这些机遇可以帮助银行更好地了解同业客户需求，优化金融产品，实现个性化服务，从而在市场中获得竞争优势。商业银行面对的挑战很严峻，包括不断变化的监管政策、来自同业及非银金融机构的竞争、客户需求的不断提高以及互联网金融的冲击等。这些挑战要求商业银行必须不断创新和调整策略，强化客户体验管理，以适应市场的快速变化，并确保在激烈的市场竞争中保持领先。

二、策略分析

（一）以金融为本的主导策略

在当前大数据和“互联网 +”不断发展的背景下，商业银行在进行必要的技术变革和业务创新的同时应坚持金融的根本法则和本质功能。金融业务的核心为存款、贷款和支付结算，即传统的“存、贷、汇”模式，不仅支撑着银行业务的基本架构，也是实现金融服务最直接的表现形式。对于“存”和“汇”这两块相对标准化的业务，银行可以利用现代信息技术实现业务流程的线上化和自动化。这种转型不仅能提高银行业务的效率，降低运营成本，也能满足现代客户对金融服务便捷性的需求。通过线上平台，客户可以在任何时间、任何地点进行资金的存取和支付结算，这大大提升了客户体验。

在金融业务的第二大核心领域，即融资服务，互联网和大数据技术的应用尤为关键。针对那些额度相对较小、信息对称、风险容易控制且适合标准化操作的同业融资需求，商业银行可以建立精细化的风险控制模型。这些模型利用大数据分析来识别和评估潜在风险，从而优化信贷决策过程。例如，银行可以赋能中小金融机构，提供风险管理模型，协助分析客户的交易历史、财务状况以及市场环境变化，来动态调整信贷政策和贷款条件，确保贷款投放的精准性和安全性。通过同业服务平台，银行能够帮助中小型城市商业银行实时监控贷款的使用情况，及时发现并处理风险事件，从而保护银行资产的安全并支持实体经济的健康发展。

对于专业化、定制化和个性化的融资需求以及复杂的综合金融服务需求，商业银行必须依赖其专业经验和人才优势来进行管理。在这些领域，标准化和自动化的程度较低，每一项服务都需要根据具体的同业客户需求和具体情况进行个性化的设计和风险评估。商业银行可以组建专业的团队，利用其在金融市场的深厚知识和经验，为同业客户提供定制化的金融解决方案。例如，对于中小金融机构的合并、重组、托管，商业银行不仅要提供资金支持，还要提供市场分析、法律咨询和财务顾问等服务。通过这种高度专业化的服务，银行不仅能满足客户的复杂金融需求，还能进一步增强同业客户关系，提升商业银行的市场竞争力和品牌影响力。

（二）动态优化的场景策略

商业银行需要在已有的同业客户基础上，进一步细化客户分类，从而更好地满足不同客户的具体需求。目前，同业客户主要分为银行客户和非银行客户两大类，其中银行客户可以进一步细分为国有银行、股份制银行、外资银行和中小型城市商业银行等。每一类客户都有其独特的需求和特征，银行通过对这些客户的深入分析，能够识别出具体的服务需求和潜在的市场机会。例如，国有银行、股份制银行需要复杂的金融服务，而外资银行可能更加注重对汇率的风险管理和国际支付的便捷性。通过这种方式，商业银行可以为不同的客户群体提供更加精准和专业的服务，从而增强客户满意度和自身银行的市场竞争力。

在同业客户生态场景的构建过程中，商业银行应采用动态优化的策略，不断调整和优化服务模式以适应客户需求的变化。这一过程涉及从客户的“生命周期”和“经营轨迹”两个维度来不断捕捉客户的行为特征，并基于这些数据形成统一的客户生态场景。通过分析同业客户的交易特征、需求变化和行业发展趋势，商业银行可以为客户打上生动鲜明的标签，这些标签有助于商业银行更准确地理解客户需求，并据此提供更加个性化的金融产品和服务。例如，如果某些客户在月末、季末等特定时期表现出强烈的资金管理需求，商业银行可以为这些客户提供更为灵活的资金流动性解决方案，以满足其即时的资金需求。

商业银行可以选择与具备合作基础和应用场景特色鲜明的同业客户群体开展更深入的合作，特别是在生态系统应用场景的建设上。针对具体行业的特点和需求，银行可以设计出符合行业特色的业务实施方案和拓展要求，这不仅有助于银行提供更为贴合实际的金融服务，也能够通过典型案例来展示银行在同业金融的专业能力和服务优势。随着金融市场的发展和客户需求的演变，银行还应不断探索新的客户场景和应用方案，以保持服务的前瞻性和创新性。这种持续的优化和创新是商业银行能在激烈的市场竞争中保持领先地位的关键举措。

（三）体验更佳的客户策略

在当前的金融生态系统中，商业银行必须采用全新的思维来细分客户，这包括对客户当前的业务特征进行准确捕捉和对客户生命周期的持续跟踪。例如，商业银行可以通过分析证券公司的财务行为、投资风格及其与银行的互动来识别该证券公司的具体需求和偏好。银行应考虑证券公司的行业地位、金融市场环境以及差异化业务等因素，从而更精确地对同业客户进行分类，并根据这些分类提供个性化的金融解决方案。

由于金融市场环境的不断变化和客户需求的多样化，商业银行在提供同业金融服务时须确保其方案能全面覆盖各细分同业客户群体的特定需求。这要求银行既要提供传统的同业金融产品，如同业存款和拆借服务，还需开发符合特定客户群体特征的创新产品和服务。例如，对于那些涉足国际市场的城市商业银行，这部分同业客户缺乏跨境金融专业人才及系统，商业银行可提供包括外汇管理、代客衍生品交易和跨境支付解决方案在内的服务。对于中小型城市商业银行，大型商业银行还可以提供财富管理产品及机制，以满足这些银行客户的财富管理需求。通过这种方式，商业银行可以更有效地服务于不同类型的同业客户，提高客户满意度。为了实现这一目标，商业银行应构建一个能够支持这种细分客户和个性化服务的生态系统。这个生态系统应当能够整合各种内部和外部资源，包括先进的技术平台、丰富的产品线以及专业的服务团队，来满足不同客户群体在不同场景下的需求。商业银行需要通过持续的技术创新和服务优化，确保生态系统的灵活性和响应速度能够符合市场的高标准需求。商业银行应通过定期的市场分析和客户反馈，不断调整和优化其服务策略和产品设计，以确保其服务能够满足同业客户的实际需求。通过这样的动态优化过程，商业银行能够在激烈的金融市场竞争中维持其领先地位，实现可持续发展。

（四）与时创新的产品策略

在当前数字化的背景下，商业银行面临的产品创新需求不断增长，这要求商业银行不仅要跟随时代的步伐，而且要持续地进行创新以满足市场的新需求。产品创新的核心在于能够为商业银行生态系统输送必要的养分，支持其持续发展和同业客户服务的优化。商业银行必须升级其数据处理能力和分析能力，这不仅涉及技术的更新换代，还包括对数据分析方法的创新。通过对客户数据的深入分析，商业银行能够识别出具体的同业客户生态场景，并据此主动配置和推送新产品，确保产品能够精准满足客户的需求。这种数据驱动的产品策略可以帮助商业银行在竞争中快速响应市场变化，提供符合客户期望的解决方案。

传统的“先写制度、再做业务”的模式已不适应数字化时代的需求，商业银行需要根据市场动态和客户需求的快速变化来调整其产品开发流程。这包括简化产品批准流程、缩短产品开发周期，并且在保持创新速度的同时确保所有产品均符合行业合规要求。例如，商业银行可以通过引入便捷的开发方法，组建跨功能团队来快速迭代新产品，从而有效缩短新产品从概念到市场的时间。通过实施互联网化的交易结构和合同条款，商业银行可以更灵活地调整其产品以适应市场需求，同时确保产品的合规性和提升市场竞争力。

为了更好地满足市场需求和提升同业客户满意度，商业银行应该在产品创新上进行“直通车式”的快速创新。这意味着商业银行需要将产品创新的工作重心下移，更多地依靠前线的市场和客户反馈来指导产品开发。通过这种方式，商业银行可以快速响应市场变化，及时调整或推出新产品，从而更有效地捕捉市场机会。商业银行应努力打造一系列核心、拳头产品，形成一个供应齐全、优势突出、组合多元的产品目录体系。这种多样化和个性化的产品组合使商业银行能够为不同类型的客户提供更加全面和专业的服务，进一步提升其在市场中的竞争力和品牌影响力。

（五）合作共赢的伙伴策略

在当前数字化的大环境下，商业银行面临的转变不仅是技术的升级，更涉及角色和业务模式的根本改变。商业银行需要从传统的资金提供者转变为资金组织者，这一变革深刻体现了互联网时代开放性思维的核心要求。在这个新的角色中，商业银行不再是单一的服务提供者，而是成为一个平台和协调者，聚焦于资源的整合与优化。这种转变意味着商业银行需要通过与各种同业伙伴的合作，构建一个多元化的服务生态系统。在这个系统中，商业银行将与客户、合作伙伴包括第三方服务提供者共同工作，实现资源共享和优势互补。例如，通过与金融科技公司合作，商业银行可以引入先进的大数据分析和人工智能技术，提升服务的个性化和智能化水平。

合作共赢的伙伴策略更是同业业务核心价值，要求商业银行在合作过程中不仅要考虑如何利用第三方的资源优势，还要关注如何将自身的优势，如全牌照的银行集团经营优势、庞大的客户基础以及品牌影响力与合作伙伴的特长结合起来，共同创造更大的市场价值。这种策略的实施不仅可以帮助商业银行扩展服务范围和提高服务质量，还能通过新的商业模式探索，为客户提供更全面的金融解决方案。例如，商业银行可以与互联网公司合作开发新的理财产品，或与保险公司合作提供综合的财务规划服务。这种跨界合作不仅能增加商业银行的收入来源，还能提高客户的黏性和满意度。

构建一个成功的合作共赢的生态系统还需要明确各方的角色边界，并建立有效的协同创新机制。在这个生态系统中，每一个参与者都应有明确的角色定位和责任划分，同时需要在保持自身独立性的基础上，寻求与其他参与者的深度融合和协作。通过建立共享的技术平台、共同的市场推广策略以及联合的风险管理体系，各方可以在确保自身利益的前提下共同应对市场变化和挑战，促进整个生态系统的健康发展。这种生态系统的成功依赖于参与者之间的互信与共识，以及持续的创新和优化，从而使得整个系统能够适应快速变化的市场环境，实现共赢。

（六）善用自身的平台策略

在当前互联网消费的快速发展阶段，电商平台已经成为一个独特且先进的业务系统，具备特定的系统构架、运用模式、交易信息和结算方式。对商业银行来说，搭建同业合作平台不仅是实现金融产品线扩展的有效策略，而且是挖掘合作商机、提高资金流通效率的关键手段。通过整合同业平台提供的大数据资源，商业银行可以获得关于同业客户交易行为、市场趋势和信用评估的深入洞察，这些信息对于产品创新和风险管理极具价值。利用金融云和大模型技术不仅可以优化商业银行的业务流程，还可以增强服务的个性化和响应速度，从而提升客户满意度和市场竞争力。

三、关于商业银行构建同业金融生态系统的规划

（一）积极学习和应用互联网及大数据理念

商业银行必须从战略高度出发，深刻理解互联网金融生态系统建设的重要意义及其深远的影响。这要求商业银行不仅要在表层的技术应用上进行革新，更要在组织文化和思维方式上进行根本的转变。商业银行需要积极培养互联网思维，即快速响应市场变化，强调用户体验，重视数据驱动的决策过程。商业银行需要树立深刻的互联网金融理念，将其融入银行的各个业务流程中，从产品设计到同业客户服务，再到市场营销和风险管理。商业银行应鼓励员工学习和掌握基础的 IT 和数据知识，包括数据采集、处理、分析以及应用等，以便能够有效地利用这些工具来优化业务流程和提升服务效率。

随着技术的发展和市场环境的变化，商业银行的客户营销和服务方

式也需进行相应的调整。传统的营销和服务模式常常依赖于直接的人际互动和相对固定的服务流程，而在互联网金融时代，这些模式需要转变为更加灵活和响应快速的模式。例如，面向境内外金融机构搭建的互联网服务平台，依托金融科技的力量，为金融机构提供投资交易、资产经营、跨境合作等服务，带给客户良好的体验。

（二）运用大数据支撑同业金融场景建设

在当前的金融行业中，大数据技术已经成为重塑服务模式、提升客户体验的重要工具。商业银行应积极利用大数据的强大分析能力，以此来支撑和优化互联网金融生态系统的构建。商业银行需要投资建立强大的数据处理和分析平台，这不仅包括硬件设施的升级，更涵盖数据挖掘、机器学习、人工智能等先进技术的应用。通过这样的平台，商业银行能够从庞大的数据集中提取有价值的信息，实现对同业客户行为和需求的深入洞察。这种洞察力使商业银行能够了解客户的经营模式、消费习惯和偏好等多维度信息，从而设计出更加个性化的金融产品和服务。

运用大数据技术不仅可以增强商业银行对同业客户的了解，还可以在此基础上构建具有高度适应性和响应性的互联网金融生态场景。例如，商业银行可以根据分析得到的客户投资行为模型，联合基金公司定制更有吸引力的理财产品。基于同业客户的交易历史和偏好分析，商业银行可以推出更为精准的营销策略，如针对性的产品推广和定制化的金融咨询服务。通过实时监控客户的金融活动，商业银行可以快速响应市场变化，及时调整其产品和服务，以满足同业客户不断变化的需求。这种基于数据的动态交互和服务模式不仅提升了客户体验，也增强了商业银行的市场竞争力。

通过持续跟踪和分析客户数据，商业银行可以不断优化其服务，更好地预测和满足客户的期望。例如，通过分析同业客户的用户体验数据和反馈信息，商业银行可以识别服务中的短板并迅速进行改进。商业银行可以通过数据分析确定客户忠诚度高的关键因素，并将这些因素整合到未来的产品开发和客户服务中。通过构建一个以数据为核心的开放式生态系统，商业银行可以与同业伙伴及第三方应用开发者合作，共同为客户提供更全面、更高效的服务。这种持续的创新和改进，不仅能够提高客户的满意度和忠诚度，也能够在激烈的市场竞争中保持商业银行的领先地位。

（三）以综合金融服务实现三方共赢

在建设和应用同业金融生态场景的过程中，商业银行应充分挖掘和分析客户的多样化需求，并通过综合金融服务实现银行、普通客户及合作伙伴的共赢。这一策略的实施需要商业银行充分发挥其集团的整体优势，同时协调和利用第三方资源，形成一个有机整合的同业金融服务体系。通过这种方式，商业银行可以为客户提供更加个性化和综合化的金融解决方案。例如，对于企业客户，商业银行可以结合自身的金融产品与同业伙伴的专业服务，提供从融资、支付结算、投资银行、资产管理到风险管理的一站式服务。这不仅能提高客户满意度，也能增强客户对商业银行的依赖度和忠诚度。同业金融生态场景的建设和应用还应作为商业银行推动各项业务升级和改造的重要契机，商业银行可以在产品研发、渠道建设、流程优化、风险防控、技术开发和数据支持等方面实现全面的改造和升级。例如，在产品研发方面，商业银行可以利用大数据和人工智能技术，根据客户的行为模式和需求，联合同业伙伴开发出更加符合市场需求的金融产品。在渠道建设方面，商业银行可以通过线上线下相结合的方式，拓展服务的覆盖面，满足不同客户群体的需求。在流程优化方面，商业银行可以通过自动化和智能化技术，提升业务处理效率，减少客户等待时间。

通过建设和应用同业金融生态场景，商业银行还可以在风险防控和技术开发方面取得显著进展。利用大数据分析等技术，商业银行可以实时监控客户的交易行为，及时识别潜在的风险事件并进行处理。通过与第三方技术公司的合作，商业银行可以不断提升其技术开发能力，确保其金融服务平台的安全性和稳定性。在数据支持方面，通过构建全面的数据收集和分析系统，商业银行可以更好地理解市场动态和客户需求，从而做出更加精准和有效的决策。

第三节　面向未来的同业金融业务发展趋势预判

一、加强合作，有效监管

商业银行当前面临多方压力，与消费金融合作不仅可较好缓解融资难问题，还可以在两个方面解决银行面临的部分难题：一是增强盈利能力（扩大资负息差），二是实现快速拓客（开拓展业区域和下沉客群）。

2023 年 5 月 18 日，在原中国银行保险监督管理委员会基础上组建的国家金融监督管理总局揭牌，这是贯彻落实党的二十大精神，深化金融监管体制改革，加强和完善现代金融监管，促进实现金融监管全覆盖的重大举措。按照《党和国家机构改革方案》，国家金融监督管理总局作为国务院直属机构，统一负责除证券业之外的金融业监管。这为商业银行发展同业金融业务提供了有效监管。

监管策略的适当调整也非常关键。监管部门应考虑在确保监管有效性的前提下，引导同业业务能够健康、有序地回归其本源功能，即服务实体经济。

二、推进科技金融发展以提高服务同业水平

（一）推广互联网同业合作平台

在当前的金融环境下，商业银行正在逐步推动互联网与同业合作的

整合，以实现金融服务的数字化转型，提升对客户的服务能力。通过引入最新的互联网技术和创新理念，商业银行可以优化内部资源配置，建立一个高效、灵活、便捷且安全的在线综合业务服务平台。

构建一个综合财富管理平台，该平台不仅覆盖传统的财富管理服务，如资金交易和清算，还整合了系统支持功能，能够为客户提供一站式的金融解决方案。这包括外汇交易、理财产品销售、代销第三方产品、代理贵金属交易以及资金存放等多元化金融交易类产品和服务。商业银行应加强代理服务类和信息服务类平台的构建，进一步丰富商业银行的服务范围，提升同业客户服务质量。代理服务平台可以为客户提供信用证开立、保函开立等多样化服务，有效支撑商业银行的代理业务发展，同时提升同业客户的结算性存款规模。信息服务平台则致力为客户提供实时的价格信息发布和深度的行业资讯服务，这不仅增加了客户的参与度，也显著增强了客户的黏性。商业银行还应利用其在风险管理方面的深厚经验，如内部评审体系、客户及产品准入管理等，通过同业合作平台为同业及企业客户提供风险评级服务。这种服务可以借助大数据技术分析平台上的交易记录，为客户提供基于大数据的风险评估和咨询类服务，从而帮助客户做出更为明智的投资和管理决策。

（二）利用人工智能技术提升业务管理能力

人工智能技术的融入正在改变商业银行的运作模式，特别是在金融同业市场的业务管理中展示出显著效能。这项技术的应用基于对大量市场数据的采集与分析，结合行业内丰富的业务管理经验和成熟的数据模型，实现了任务执行的智能化、系统化和自动化。在同业市场信息管理方面，人工智能能自动化地处理和筛选大量信息，如客户资料、价格动态及相关风险数据，提高了信息处理效率。例如，通过高级算法自动识别和分类市场新闻和交易信号，使金融分析师可以迅速获得关键信息，从而在瞬息万变的市场中做出快速响应。人工智能技术通过精准的数据分析支持更高效的交易决策和资产配置。基于深度学习的模型能够在分析海量的历史交易数据和实时市场情况后，提出最优的交易策略和资产分配建议。这不仅加快了交易的执行速度，也提高了交易决策的准确性，从而优化了银行的资本运用和风险管理。人工智能技术还能根据不同客户的投资偏好和风险承受能力，自动化生成个性化的投资分析报告和配置建议。这种智能投资服务的提升，不仅增强了客户对个性化服务的满意度，也使商业银行能够在竞争激烈的金融市场中更好地维护和拓展客户基础。通过这些措施，商业银行能有效利用人工智能提升业务效率和质量，进一步巩固其市场地位。

三、加强同业金融业务风险防范能力

在金融供给侧结构性改革的推动下，商业银行和其他金融机构如信用评级机构正在积极创新其同业业务，以更好地服务于银行间市场，并在此过程中有效地规避风险。银行同业业务的创新不仅能提供更高效的服务，还能通过新的产品和服务模式，为市场参与者提供更多的风险管理工具。业务创新的实施需要银行保持高度的风险意识，确保在业务扩展的同时安全性能得到有效保障。通过实施全面的风险管理框架，包括在业务创新前进行全面的风险评估，实施中的风险监测，以及事后的风险评价和调整，确保每一项新业务在推出前都能通过严格的风险评估。

在日常运营中，金融机构应采取积极措施以预防和管理潜在的风险。在业务开展前进行严格的风险预评估，识别可能的风险点，并制定相应的防控措施。例如，对于新推出的同业产品，商业银行需要详细分析其市场需求、潜在的信用风险、市场风险和操作风险等，并据此设计内控流程和应急预案。商业银行应当建立起事中和事后的风险监控系统，不仅监控业务执行过程中可能出现的偏差，还须在业务完成后对结果进行评估，确保业务实际执行效果符合预期目标。这种全过程的风险管理不仅可以及时发现并纠正问题，还能为未来类似业务的风险管理提供经验教训。

商业银行应建立一个高效的风险监测和预警系统，这个系统能够实时监控市场条件和银行自身的资金流动性状况，及时发出预警以应对潜在的资金流动性短缺或过剩。有效的风险防控体系应包括资金流动性风险管理的多个层面，如日常现金流管理、紧急流动性支持机制和长期资金安排。监管机构也要考虑适当调整流动性风险管理的监管指标，以确保商业银行的同业业务与市场资金状况的有效匹配，促使商业银行在维持流动性的同时能保持资金运营的高效和稳健。

商业银行应当建立科学合理的同业业务流动性缺口管理机制。这包括制定明确的流动性缺口管理目标，确保商业银行的同业资产与负债在规模上保持基本一致，以此控制商业银行每日的资金缺口及期限错配风险。商业银行应当建立健全的流动性风险管理架构，定期进行流动性压力测试，制定流动性危机应对预案，确保在市场环境发生变化时，商业银行能够快速有效地应对流动性风险。这种流动性风险管理架构的建立，不仅提升了商业银行对同业业务风险的管理能力，也符合国际金融监管的最新要求，有助于商业银行在全球金融环境中维持竞争力。另外，要完善对同业交易对手的准入和信用评估体系，合理设置交易对手的信用限额，并根据不同的信用风险水平调整授信额度。商业银行应该加强同业业务中的产品创新和审批流程管理，确保所有的同业业务活动都在严格的风险控制框架下进行。通过对同业交易对手进行细致的分类管理，并为不同类型的交易对手设定不同的授信额度，商业银行可以更有效地控制和分散风险，从而提高整体业务的稳定性和盈利能力。

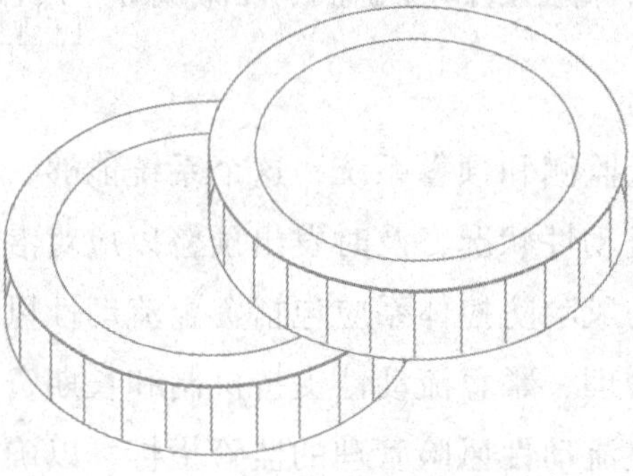

第十章　商业银行参与同业市场监管政策的完善建议

第一节　监管政策的重要地位及现实意义

2008 年之前，我国的同业业务监管制度主要由《同业拆借管理办法》和《中华人民共和国商业银行法》构成。这一阶段的同业业务的根本意义与目的在于通过调整资金的配置来解决各商业银行资金的流动性需求，从而支持金融系统的整体稳定性。同业市场的职能在于起到类似银行间“司库”的角色，主要通过信用拆借、质押式回购及线下存款存放等形式，促进资金的流动性管理。这些活动使商业银行能够在短期内调整其资金状况，应对突发的流动性压力或资金短缺。在这一体系下，商业银行之间的借贷关系不仅促进了资金的有效流转，也反映了同业业务的本源属性——流动性管理。商业银行在同业市场上的活动，表现为一种资金的互助机制，通过这一机制，银行可以在资金紧张时期获得必要的流动性支持，同时在资金宽裕时则将额外资金投放市场，赚取利息收入，优化资产负债表的结构。这种机制在一定程度上降低了单一银行面临的流动性风险，增强了整个银行系统的抗风险能力。

《同业拆借管理办法》和《中华人民共和国商业银行法》提供的监管框架为同业市场的运作提供了基本的法律支持和规范指导，但随着金融市场的发展和金融工具的创新，这些早期规定不足以覆盖所有新出现的金融活动和风险类型。因此，监管机构和银行业不断评估现有制度的有效性，并根据市场的发展进行适时的规则更新和制度创新，以保持监管的前瞻性和适应性，确保金融系统的安全与稳定。这种不断适应和更新是维持金融市场健康运行的关键。

从 2009 年开始，商业银行同业业务的职能逐渐从主要解决银行流动性需求转变为明显的银行盈利来源，银行业内的杠杆运用也逐渐增加。这一时期，政府推出了一系列金融政策以刺激信贷需求，商业银行的表内资产迅速扩张。与此同时，表外信贷资产的规模也随之增长，到 2010 年，信贷规模的管控逐渐失效，对金融系统的稳定性造成了严重影响。为了应对这种情况，银监会加大了对银行风险管理的要求，发布多条新资本协议实施监管指引，全面规范对银行业的资本监管。2012 年原银监会公布了《商业银行资本管理办法（试行）》，对实施过渡期和新资本工具进行有关安排，要求系统重要性和非系统重要性银行在 2018 年前实现资本充足率分别不小于 11.5% 和 10.5%。

随着监管环境的日益严格，商业银行开始寻求通过创新业务，如卖出回购等手段，实现资产负债表的扩张和利润的增加。这些创新业务带呈现出爆炸式的增长趋势。创新型同业业务因其链条过长、绕开存贷比和贷款规模限制、难以穿透底层资产而成功隐匿实际借款人的复杂交易模式，为金融机构埋下了极大的风险隐患。市场上同业拆借的资金空转套利、同业业务规模的快速扩张并逐渐偏离实体经济，这些都导致了严重的期限错配，容易引发流动性紧张并造成市场恐慌。这种情况引起了监管部门的高度重视，监管部门和金融市场参与者重新审视和调整同业市场的运作机制和风险控制措施，以期确保金融系统的健康和稳定发展。

2014 年“127 号文”的发布，标志着中国同业业务监管达到一个新的里程碑，该政策文件深刻影响了金融行业的运作。该文件的核心内容聚焦两个主要领域：显著增加了银行的资本要求，明确禁止买入返售、同业代付和三方回购投资非标准化债权；同时规定标准化债权的买入返售卖出方也不得出表。这一措施旨在增强银行资本充足性，提高银行系统的抗风险能力，从而稳固金融市场的健康发展。“127 号文”限制了同业杠杆的扩张，通过引入两个关于同业融资的比例限制，实际上几乎禁止了境内同业代付，这一策略明显是为了抑制银行的同业业务过度扩张，防止过度杠杆化带来的系统性风险。

继“127 号文”之后，“140 号文”进一步提出银行总行机构应实现同业专营，以此规范同业业务经营活动。这种管理方式旨在集中监督和控制，确保同业活动的透明度和合规性，从而降低金融市场的风险。监管部门不断更新和强化监管工具，以适应金融创新的步伐和复杂多变的市场环境，确保金融稳定与发展的双重目标得以实现。

2017 年国务院金融稳定发展委员会（现已撤销）显著改善了金融监管的体系，特别是在同业业务方面。2023 年组建的的中央金融委员会通过集中监管力量，能够更有效地监管跨市场和跨部门的金融活动，尤其是同业业务。监管环境的根本变化，同业业务的运作环境发生了剧烈变动，此类业务成为金融去杠杆化的一个重要领域。

中国人民银行在《2017 年第二季度中国货币政策执行报告》中明确提出，2018 年一季度评估时起，将资产规模 5000 亿元以上的银行 1 年以内同业存单纳入宏观审慎评估体系（MPA）同业负债占比指标考核，有效地限制了银行业在同业市场上的过度扩张。

这一系列监管动作的主要目的是缩短融资链条，严控期限错配，引导资金流向更为健康和可持续的投资渠道，特别是实体经济领域。这意味着商业银行必须调整其业务模式，规范化地发展同业金融业务，进入了一个业务发展的阵痛改造期。

为解决金融领域长期存在的突出矛盾和问题，在中国银保监会的基础上组建国家金融监督管理总局作为国务院直属机构，统一负责除证券业之外的金融业监管，强化机构监管、行为监管、功能监管、穿透式监管、持续监管，统筹负责金融消费者权益保护，加强风险管理和防范处置，依法查处违法违规行为。同时，把中国人民银行对金融控股公司等金融集团的日常监管职责、有关金融消费者保护职责，以及中国证券监督管理委员会的投资者保护职责，划入国家金融监督管理总局。不再保留中国银行保险监督管理委员会。这意味着商业银行需要在满足监管要求的同时重新定位其在同业市场中的角色和业务范围，确保其业务的合规性、透明性及风险可控性，以适应更为严格和系统化的监管环境。

第二节　金融监管的影响及规范经营策略

商业银行需要采取积极的风险管理措施，包括加强内部控制，建立健全的风险评估和管理机制，以确保业务操作符合监管要求，并能及时应对可能的监管变动。商业银行还需要与监管机构保持开放和透明的沟通，确保对新的监管政策有充分的理解和准备，这样才能在复杂的同业市场中保持竞争力和稳定性。

商业银行在参与同业市场时应考虑到长远的战略布局，包括对风险的预判和管理。监管环境的不断变化要求商业银行不仅要关注当前的盈利机会，还要预见未来可能的监管调整。商业银行需要构建一个灵活的业务模型，能够快速适应监管变化，并能有效地控制风险。商业银行应加强对非标及复杂金融产品的透明度和理解，避免因过度复杂的产品设计和不透明的业务操作而引发风险。通过实施全面的风险管理和合规策略，商业银行可以在确保稳定运营的同时利用同业市场的机会，支持实体经济的发展，这符合监管机构推动同业金融业务回归本源、引导资金回到实体领域的监管目标。

早期监管技术的落后导致监管数据质量较差，这是商业银行在同业市场中参与金融监管面临的一大挑战。监管工作的有效性高度依赖商业银行向监管机构报送的数据质量。如果报送的监管数据无法客观体现实际情况，不能穿透底层资产以充分识别风险，那么高质量的监管将无从谈起。2023 年 8 月 31 日，为进一步夯实数据质量基础，建立高效的报表审核体系，国家金融监督管理总局办公厅面向各监管局、银行、金融资产管理公司、投资公司、理财公司等金融机构发布了《关于进一步提升非现场监管报表监管审核质效的通知》，旨在增强对报表数据质量的有效管理，进一步从跨时间维度验证数据变动合理性和准确性、校验同口径业务数据在跨表间填报的准确性和一致性。商业银行必须采取有效策略以适应这一监管环境，建立和完善内部数据管理系统，确保数据的准确性和完整性。这包括投入资源开发和维护高质量的信息技术系统，用于收集、处理和报送监管所需的数据。商业银行应加强员工对于风险管理的培训，特别是在准确记录和报送数据方面，确保每一位员工都能理解其重要性并遵守相关规定。商业银行还应定期进行内部审计，以发现并纠正可能的数据错误和不规范的报送行为，确保向监管机构提供的信息既准确又及时。

监管机构也需要改进其监管技术和方法，以适应金融市场的发展和同业金融业务的复杂性。这包括采用先进的信息技术和数据分析工具，如人工智能和大数据技术，来提高数据处理的效率和准确性。监管机构应与商业银行建立更为紧密的合作关系，共同努力提升数据报送的质量和监管的透明度。监管部门还应定期更新其监管政策和技术要求，以保持与金融创新的同步，从而更有效地识别和管理金融风险。通过这些措施，可以确保监管机构能够及时掌握同业金融业务的发展情况，制定出更加有针对性和有效性的监管策略，最终推动整个金融市场的稳定和健康发展。

第三节　监管政策的完善建议

一、完善同业制度建设，遵守各项监管政策

为确保商业银行同业金融业务的长期稳定与高效运营，建立一套明确且规范的规章制度和监管框架是至关重要的。商业银行必须基于自身的风险评估机制和业务经营策略，严格执行对同业金融业务交易对手的准入标准和信用风险评估。这包括定期对交易对手进行信用审查和评级更新，以及确保所有交易对手都符合商业银行设定的风险接受程度。商业银行须不断优化和修订涉及同业金融业务的具体操作指南、审批流程及相关制度，确保这些规章制度与国内外监管要求相符合，同时能够有效地反映市场变化和内部控制需要。

在同业金融业务的会计处理和内部控制方面，商业银行应制定详细的会计政策和核算方法，明确各类同业金融业务如何在账务上进行记录和报告。这包括确定每种同业业务的会计科目分类、核算流程以及相关的信息披露要求。通过这些明确的会计准则，商业银行可以保证业务透明化，增强外部投资者和监管机构对银行业务的理解和信任。详尽的内部控制措施和风险管理策略应全面覆盖同业金融业务的各个环节，从资金来源、资金运用到风险暴露的管理，确保商业银行能够及时识别、评估和应对潜在的市场、信用及流动性风险。

监管部门在完善监管体系方面同样扮演着关键角色。监管部门需要进一步强化监管协调机制，确保货币市场、信贷市场、资本市场等多个金融市场之间的政策制定和执行得到有效统筹。加强监管部门之间的信息共享和合作，对金融市场的全面监控显得尤为重要。通过建立统一的监管标准和综合统计体系，监管部门可以更有效地防范和管理金融风险，确保金融系统的整体稳定和健康发展。

二、规范同业金融业务发展，服务实体经济

同业金融业务作为银行体系中重要的金融活动之一，在支持实体经济发展和提高金融市场效率方面发挥了重要作用。通过同业拆借、同业存单和同业存款等形式，商业银行能够在短期内调节其资金头寸，满足流动性需求，从而保持自身的稳健运营。积极发展同业金融业务不仅可以提高商业银行的资金利用效率，还能增强金融市场的流动性，促进金融资源的优化配置。根据国际金融中心的经验，健全的同业市场有助于商业银行在面对流动性紧张时，快速获得资金支持，从而降低系统性风险和银行间的风险传染概率。例如，在2008年全球金融危机中，许多金融机构通过同业市场获得紧急融资，缓解了资金链断裂的风险，确保了金融体系的稳定运行。我国金融监管部门也在不断优化同业金融业务的监管框架，力求在保障金融市场健康发展的同时防范潜在的金融风险。

同业金融业务的自由创新若未加以适当的监管，也可能带来一定的风险。过度地创新和放松监管，可能导致商业银行在同业市场上的不规范行为，如隐性债务、期限错配和信用风险累积等，这些都可能对金融市场的稳定性构成威胁。例如，某些商业银行在同业金融业务中采用高杠杆策略，通过短期融资支持长期资产，虽然在短期内提高了资本收益，但也增加了流动性风险。一旦市场环境发生变化，如利率上升或市场信心动摇，这些高杠杆业务可能迅速暴露风险，导致商业银行资产负债表的巨大损失，甚至引发连锁破产，严重时可能引发系统性金融危机。在当前的监管政策框架下，既要鼓励同业金融业务的规范发展，推动其向标准化、透明化迈进，又要在创新的同时建立有效的风险防控机制，确保同业市场的健康发展。构建完善的金融市场体系，增强市场机制的有效性，也是缓解商业银行流动性风险、释放多余流动性的有效途径。

（一）预防同业业务无序化发展

随着金融市场的快速发展和创新产品的不断涌现，同业金融业务的结构也在不断演变。新兴的同业金融业务，如同业存单和衍生金融工具，已成为增加银行流动性创造的重要手段。这种变化显示，虽然传统的同业拆借可能在一定程度上减少了流动性创造，但新兴的同业金融业务形式却提供了更多的流动性选项，从而增强了整个金融系统的弹性和效率。监管这些业务以确保流动性的稳定和可持续发展变得尤为重要。监管机构不仅需要关注同业金融业务的规模和增长速度，而且要密切监视其结构变化和市场动态，确保这些活动不会引发过度的风险积累或系统性风险。为了有效监管同业金融业务并防止其无序扩张，监管机构必须制定明确的政策和标准来界定同业金融业务与传统银行业务的区别。这包括确立清晰的业务分类、划分业务边界和制定相应的监管措施。通过厘清商业银行同业金融业务的范围，监管机构能够对这些业务进行针对性的监控和管理，从而避免潜在的市场滥用或风险积累。监管部门应结合金融市场的实际状况，利用市场机制进行监管，如通过调整同业存款准备金率等手段，来平衡银行的流动性需求和供给。这样的市场导向的监管策略不仅有助于保持金融市场的稳定和健康，也促使银行业在遵守监管规定的同时更好地适应市场变化和客户需求。

监管同业金融业务的政策也应充分考虑不同同业金融业务的特性和实际作用。例如，短期拆借市场，主要是银行间为了调节短期流动性而进行的拆入和拆出资金操作。这类业务通常期限较短，其对商业银行整体流动性和风险状况的影响相对有限，因此过于严格的限制可能会阻碍银行间正常的流动性调整，反而可能带来负面影响。监管策略需要精细化，根据不同业务的风险特征和市场功能来制定相应的监管措施。监管政策还应顺应利率市场化的趋势，使同业金融业务在规范和创新之间找到平衡，确保这些业务能够在促进银行流动性管理的同时不损害金融市场的整体稳定性。通过这种综合性的监管策略，可以最大限度地发挥同业金融业务在现代金融体系中的积极作用，同时有效控制其潜在风险。

（二）优化同业业务结构

传统的同业金融业务，如同业拆借，主要功能是为银行间提供短期资金调整，主要影响同业市场的流动性。而新兴的同业金融业务，如同业存单和衍生品交易，不仅提供了更广泛的流动性管理工具，也拓展了商业银行的资金来源和投资渠道，进而影响了非同业市场的流动性。这种差异意味着监管机构需要细化监管策略，对不同类型的同业金融业务采取差异化的监管措施，确保流动性的合理分配和风险控制。例如，对于高风险但可以创造高流动性的新兴业务，监管机构可能需要更严格的资本和流动性要求，以防范潜在的市场风险。

目前商业银行同业金融业务的多样化已导致业务链条的过度延长，这不仅增加了金融市场的复杂性，也提高了监管的难度。为了提高效率和降低系统性风险，有必要对同业金融业务的结构进行优化。功能类似的同业金融业务应考虑合并，以减少业务种类和简化业务结构。这种结构优化不仅可以减少监管的复杂性，也有助于商业银行更好地管理风险和资本。监管部门应加强对这些业务的监管，特别是对那些可能影响银行系统稳定性的大规模或高风险业务。通过建立更加精细的监管框架，可以有效控制同业金融业务的增长和其对整体金融市场的影响，保障金融系统的稳定运行。

早期同业金融业务中的创新大多与表外业务紧密相关，而这些业务的信息披露往往不足。银行的表外活动，如特殊目的载体和衍生品交易，通常较少披露，这限制了监管部门和市场参与者对银行风险状况的全面了解。监管机构应要求商业银行提高同业金融业务的信息披露水平，无论是表内还是表外业务，都应确保信息的透明化。增强信息的透明度不仅有助于监管机构有效监控银行风险，也使市场参与者能够做出更为明智的决策。这种向透明化的努力将提升整个银行业的信用水平，降低潜在的市场操纵行为，最终实现金融市场的健康发展。通过这些措施，可以确保同业金融业务在促进金融创新和支持经济发展的同时不会给系统带来不可控的风险。

（三）引导资金向实体经济转移

同业金融业务在中国银行业中出现，最初是为了帮助银行在面临流动性困难时能够迅速调整头寸，从而缓解可能的资金压力。这种业务不再仅仅是银行之间的简单资金往来，而是变成了一个复杂的金融活动，涵盖了多种金融产品和服务，成为银行的重要利润来源。同业金融业务的这种变革不仅增加了银行系统内部的利润机会，也加剧了系统性风险。例如，商业银行为了追求更高的回报，可能涉足风险较高的金融产品，如衍生品和结构性金融工具，这些产品的复杂性和内在的杠杆效应可能在市场波动时加剧金融体系的不稳定性。

同业金融业务的增长也引起了非银行金融机构的广泛参与，如保险公司和证券公司。这些机构通过同业市场与商业银行进行资金往来，相互之间形成了错综复杂的资金链。这种扩展不仅增强了金融市场的联动性，也使得一旦某一机构遭遇财务危机，其影响可能迅速传导至整个金融网络，形成“多米诺骨牌效应”。同业金融业务的发展还可能导致资金在银行系统内的低效循环，而不是流向实体经济。商业银行可能出于风险管理和资本利润率的考虑，更倾向于在同业市场中操作，从而减少了对实体经济部门的贷款供给，这种行为虽然可以短期内为商业银行带来高收益，但从长远看并不利于国家经济的均衡发展。监管部门在制定和执行监管政策时，应该重点关注同业金融业务的健康发展和风险控制。监管策略需要从限制同业金融业务的无序扩张、防止资金在商业银行系统内部的空转。监管部门应通过制定明确的指导原则和监管框架，鼓励商业银行优化同业金融业务结构，减少不必要的业务种类，确保同业活动的透明度和可控性。监管政策还应包括激励措施，引导商业银行将更多资金投向实体经济，特别是对创新型小微企业和绿色经济等领域的支持，充分发挥商业银行信贷中介的根本作用，为实体经济提供有效和便捷的金融服务。

三、持续加强同业金融业务与流动性创造的监管力度

（一）保持对同业业务的强监管

同业金融业务不仅局限于银行之间的资金借贷，还涵盖了与保险、证券等非银行金融机构之间的各种形式的资金往来和风险管理操作。这种多样化的业务发展导致了同业市场的复杂性显著增加，商业银行为适应不同合作伙伴的需求，针对性地开展了多样化的同业交易。监管部门在制定监管政策时，须充分考虑同业金融业务的种类和特点，确保能够对这些不同的业务进行有效的风险监控和管理。监管框架应具备足够的灵活性，以适应金融创新带来的新形势和新挑战，从而保障整个金融系统的稳定。在此基础上，监管部门需要建立一个更为精确和完善的同业金融业务分类体系，这对于理解和监管市场上的各种金融活动至关重要。分类体系应详尽地涵盖从传统的同业存放、同业借贷到现代的衍生品交易、资产管理等多方面的业务。每一类同业金融业务都应有明确的定义和分类标准，便于监管部门进行针对性的监管和风险评估。随着同业金融业务的不断细化和复杂化，监管策略也应当相应地变得更加细致和具体，以确保可以覆盖到新兴的业务模式和潜在的风险点。通过精确的业务分类，监管部门可以更有效地识别和响应金融市场中的变化，及时调整监管策略，以防范系统性风险的发生。

监管部门应重视同业金融业务信息的透明度和公开性，特别是对于表外业务的监管。目前，同业金融业务中很多创新活动，如资产支持证券、表外信托等往往缺乏充分的透明度，这为监管部门的风险评估和监

控带来了难度。制定强制性的信息披露规定显得尤为重要，这不仅可以帮助监管部门更准确地评估银行及非银行金融机构的真实风险状况，也有助于提升整个金融市场的透明度和公信力。信息披露应包括同业存款的多少、期限、利率，以及涉及的衍生品类型和风险暴露等关键信息。

（二）对流动性创造的强监管

流动性创造的核心在于商业银行能够通过降低自身的流动性来向外部提供资金，即通过接受短期存款并发放长期贷款的方式来实现。这种行为本质上涉及期限错配，即银行资产和负债的期限不一致，从而增加了银行的流动性风险。在经济环境稳定时，这种期限错配可能不会立即引起问题；但在市场动荡或信贷紧缩期，这种期限错配可能导致商业银行面临资金紧张甚至触发银行挤兑。随着银行业务的扩展和金融创新的发展，同业金融业务和表外业务得到增长，这进一步加剧了流动性风险的潜在威胁。

2018 年 7 月 1 日起施行的《商业银行流动性风险管理办法》要求：商业银行应当按照本办法建立健全流动性风险管理体系，对法人和集团层面、各附属机构、各分支机构、各业务条线的流动性风险进行有效识别、计量、监测和控制，确保其流动性需求能够及时以合理成本得到满足，并对流动性指标做出了明确要求。为了进一步提升这些监管措施的有效性，监管部门应考虑将这些流动性指标与商业银行的其他风险管理策略相结合。银行应定期进行流动性风险评估，监测关键指标的变动，并根据市场变化调整其资产负债结构，以防范潜在的流动性问题。

（三）对不同银行设定不同的监管指标

国有银行在开展同业金融业务时能够创造更多的流动性，而对自身流动性的“牺牲”相对较少。这主要是由于国有银行通常拥有更广泛的资源和更强大的市场影响力，使其在资金调配和风险管理上具有更大的灵活性。相比之下，股份制商业银行和地方性商业银行在同业市场中的行为，则显示出更大的风险敞口和流动性消耗。这些银行由于规模较小、影响力有限，往往需要牺牲更多的自身流动性来获得市场上的流动性支持。这种差异不仅反映了不同银行体系内部结构和运营策略的差异，也体现了它们在金融市场中的不同地位和面临的不同挑战。对于国有银行，鉴于其较强的市场地位和流动性创造能力，监管指标可以设置得更为严格。这不仅可以促使这些银行更加谨慎地管理自身的流动性资源，也有助于防止过度的流动性扩张可能带来的系统性风险。这种差异化的监管策略不仅有助于维护银行系统的稳定，也符合市场公平性的原则。

监管部门在制定相关政策时，还应考虑同业市场的整体环境和宏观经济条件。在经济稳定和市场流动性充足的时期，科学的监管可以促进银行业的健康发展和创新。在市场紧张或经济不确定的情况下，加强监管，特别是对那些在同业市场中活跃的大型国有银行，是防范金融风险扩散的关键。通过动态调整监管政策，不仅可以保护银行系统免受流动性危机影响，还可以确保银行业务的可持续发展，从而支持实体经济的稳健增长。这种灵活而精确的监管方法，将使监管机构能够更有效地应对不断变化的市场环境，确保金融系统的整体稳定和安全。

参考文献

[1] 蒋建华 . 商业银行公司治理机制研究 [M]. 北京：中国纺织出版社，2018.

[2] 张叶艺 . 商业银行的转型创新发展 [M]. 宁波：宁波出版社，2016.

[3] 潘彬，王去非，易振华 . 同业业务、流动性波动与中央银行流动性管理 [J]. 经济研究，2018，53（6）：21-35.

[4] 张里阳 . 浅析我国商业银行同业业务对流动性风险的影响 [J]. 改革与战略，2015，31（11）：80-82.

[5] 张郁 . 商业银行资产管理业务的穿透式监管：本质、难点及对策 [J]. 南方金融，2017（10）：66-73.

[6] 韩文亮，张吉光 .WTO 时代城市商业银行的战略选择 [J]. 银行家，2006（7）：20-22.

[7] 刘金全，张龙 . 新中国 70 年财政货币政策协调范式：总结与展望 [J]. 财贸经济，2019，40（9）：35-50.

[8] 周英章，蒋振声 . 货币渠道、信用渠道与货币政策有效性：中国 1993—2001 年的实证分析和政策含义 [J]. 金融研究，2002（9）：34-43.

[9] 李斌 . 中国货币政策有效性的实证研究 [J]. 金融研究，2001（7）：10-17.

[10] 李素梅，张晓东 . 试论中国货币政策的有效性 [J]. 现代财经（天津财经学院学报），2000（6）：20-23.

[11] 崔百胜，高崧耀，胡春燕．中国货币政策信贷传导的非对称与时变效应研究：基于 PCHVAR 模型 [J]. 管理评论，2020，32（3）：37-49.

[12] 苏小松，张楚雯．货币政策的互联网金融市场利率效应研究：基于阈值向量误差修正模型的实证分析 [J]. 经济问题，2018（10）：41-46.

[13] 胡姗姗．金融制度与货币政策传导机制分析 [J]. 现代商业，2019（35）：154-155.

[14] 王欢，韩佳敏，黄颖．互联网金融对货币政策有效性影响的实证分析 [J]. 时代金融，2020（2）：1-2.

[15] 陈奕丹．中国货币政策传导机制有效性研究：基于 VAR 模型 [J]. 金融经济，2019（24）：21-23.

[16] 方显仓．金融创新对货币政策利率与信用渠道传导的影响 [J]. 内蒙古社会科学（汉文版），2013，34（3）：93-97.

[17] 何德旭，冯明．新中国货币政策框架 70 年：变迁与转型 [J]. 社会科学文摘，2019（12）：47-48.

[18] 胡云飞．金融创新对货币政策利率传导影响的实证研究 [J]. 武汉金融，2012（3）：21-22.

[19] 印文，裴平．中国的货币电子化与货币政策有效性 [J]. 经济学家，2015(3)：39-46.

[20] 申立敬，史燕平，李连梦．货币政策通过融资租赁传导的有效性研究 [J]. 管理现代化，2019，39（5）：21-23.

[21] 熊海芳，刘天铭．不确定性、宏观经济波动与货币政策效果 [J]. 财经问题研究，2020（2）：47-55.

[22] 郭晔，程玉伟，黄振．货币政策、同业业务与银行流动性创造 [J]. 金融研究，2018（5）：65-81.

[23] 章向东，姚斌．商业银行同业业务风险与顺周期性研究 [J]. 金融论坛，2014，19（4）：65-71.

[24] 中国人民银行惠州市中心支行课题组，吴燕生，张景智，等．商业银行同业业务对货币政策传导的非对称影响 [J]. 上海金融，2016（11）：12-18.

[25] 王轶昕，程索奥．监管约束下商业银行同业业务转型发展的理性分析与现实选择 [J]. 商业研究，2016（4）：83-89，111.

[26] 肖崎，阮健浓．我国银行同业业务发展对货币政策和金融稳定的影响 [J]. 国际金融研究，2014（3）：65-73.

[27] M. 弗里德曼，J. 托宾，何旗．论金融创新和货币政策 [J]. 金融研究，1985（12）：44-50.

[28] 李婷婷．银行同业业务与货币政策传导机制的关系研究 [J]. 统计与决策，2018，34（10）：153-156.

[29] 李伏安．中国金融衍生品的发展与监管 [J]. 中国外汇，2006（5）：12-13.

[30] 邵汉华，杨俊，廖尝君．商业银行同业业务扩张与货币政策传导：基于银行信贷渠道的实证检验 [J]. 金融经济学研究，2015，30（2）：15-25.

[31] 陈涤非，王海慧，戴国海，等．银行机构金融产品创新对货币政策的影响：以江苏为例 [J]. 金融发展评论，2014（7）：49-68.

[32] 施勇．银行同业业务风险传导及对货币政策有效性的影响研究：基于 21 家上市银行的实证分析 [J]. 新金融，2020（7）：24-30.

[33] 唐小锋，许余洁，刘维泉．商业银行表外业务对货币政策有效性的影响 [J]. 中国物价，2015（12）：10-13.

[34] 陈子凡．金融危机研究：基于复杂性理论的新视角 [J]. 新金融，2016（11）：25-27.

[35] 赵成珍，宋锦玲．货币政策风险承担渠道存在性研究：基于新型银行同业业务的视角 [J]. 技术经济与管理研究，2017（7）：70-76.

[36] 周凯，张兰，张明凯．关于利率市场化中商业银行同业业务的发展与思考 [J]. 世界经济与政治论坛，2013（4）：155-161.

[37] 潘彬，王去非，易振华．同业业务、流动性波动与中央银行流动性管理 [J]. 经济研究，2018，53（6）：21-35.

[38] 陈琳．同业业务对银行流动性的影响 [J]. 合作经济与科技，2017（18）：53-54.

[39] 孙含越 . 同业业务快速发展的潜在风险及走向 [J]. 银行家，2014（2）：27-29.

[40] 陆岷峰，周军煜 . 金融供给侧结构性改革背景下商业银行同质化问题研究 [J]. 区域金融研究，2019（11）：5-11.

[41] 江会芬 . 金融市场结构与货币政策利率传导效率研究 [J]. 上海金融，2020（10）：49-57.

[42] 胡继成，许航瑞，石浩宇 . 货币政策利率传导机制有效性研究：基于利率市场化背景 [J]. 金融理论探索，2024（2）：63-70.

[43] 彭俞超，马思超，王南萱，等 . 影子银行监管与银行风险防范 [J]. 经济研究，2023，58（8）：83-99.

[44] 高同欲，陈元富 . 宏观压力测试及其在我国应用面临的问题 [J]. 南方金融，2006（7）：8-10.

[45] 徐明东，刘晓星 . 在我国金融领域推广运用压力测试的政策建议 [J]. 经济研究参考，2008（24）：22.

[46] 李拓 . 国外商业银行信用评级及限额管理研究 [D]. 北京：中国农业大学，2015.

[47] 余伟光 . 同业资产、资本监管与银行系统性风险 [D]. 南昌：江西财经大学，2023.

[48] 教志琴 . X 城商行同业业务流动性风险管理优化研究 [D]. 太原：山西大学，2023.

[49] 陆正阳 . A 商业银行流动性风险管理研究 [D]. 上海：华东师范大学，2022.

[50] 靳子琛 . 商业银行同业业务对其风险承担的影响研究 [D]. 沈阳：辽宁大学，2022.

[51] 中国人民银行，银监会，证监会，等 . 五部委联合发布《关于规范金融机构同业业务的通知》[EB/OL].（2014-05-16）[2024-06-02].https：//www.gov.cn/xinwen/2014-05/16/content_2680922.htm.